毛泽东经典著作研读系列丛书

总主编 / 康沛竹 艾四林

《改造我们的学习》
研 读

吴 波 著

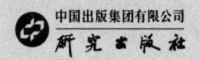

中国出版集团有限公司
研究出版社

图书在版编目（CIP）数据

《改造我们的学习》研读 / 吴波著. — 北京：研究出版社，2024.5（2024.11重印）

ISBN 978-7-5199-1644-2

Ⅰ.①改… Ⅱ.①吴… Ⅲ.①毛泽东著作研究 Ⅳ.①A841

中国国家版本馆CIP数据核字(2024)第053945号

出 品 人：陈建军
出版统筹：丁 波
责任编辑：于孟溪

《改造我们的学习》研读

GAIZAO WOMEN DE XUEXI YANDU

吴 波 著

研究出版社 出版发行

（100006 北京市东城区灯市口大街100号华腾商务楼）
北京隆昌伟业印刷有限公司印刷 新华书店经销
2024年5月第1版 2024年11月第2次印刷
开本：787毫米×1092毫米 1/32 印张：7.5
字数：128千字
ISBN 978-7-5199-1644-2 定价：58.00元
电话（010）64217619 64217652（发行部）

版权所有•侵权必究
凡购买本社图书，如有印制质量问题，我社负责调换。

总主编简介

康沛竹 北京大学马克思主义学院教授、博士生导师。1981—1988年,在北京大学历史系学习,获历史学学士、硕士学位;1993—1996年,在中国人民大学清史所学习,获历史学博士学位。中央马克思主义理论研究和建设工程《马克思主义发展史》首席专家。2008年国家级精品课"中国近现代史纲要"课程负责人。出版专著《灾荒与晚清政治》《中国共产党执政以来防灾救灾的思想与实践》《〈新民主主义论〉导读》《〈关于正确处理人民内部矛盾的问题〉导读》等,主编《马克思主义妇女理论发展史》《马克思主义学习型政党建设问题研究》《中国近现代史前沿问题研究》等。在《近代史研究》《中共党史研究》《当代中国史研究》《马克思主义研究》《马克思主义与现实》《光明日报》等发表论文70多篇。

艾四林 哲学博士、教授、博士生导师,清华大学习近平新时代中国特色社会主义思想研究院院长,教育部长江学者特聘教授。中央马克思主义理论研究和建设工程首席专家,国务院学位委员会学科评议组成员,《高校马克思主义理论研究》主编。

作者简介

吴 波 中共上海市委党校中共党史教研部讲师,北京大学博士毕业,主要研究方向为中共党史、党的建设,在《党的文献》等核心期刊发表论文10余篇,出版著作1部,主持省部级课题1项。

序

  由北京大学马克思主义学院康沛竹教授和清华大学习近平新时代中国特色社会主义思想研究院院长艾四林教授主编的《毛泽东经典著作研读系列丛书》陆续出版与读者见面了，两位主编是我多年的同事和朋友，让我作序，只能"恭敬不如从命"。借此机会，一方面对新著出版表示热诚的祝贺，一方面谈些想法与大家交流，权作序。

  2018年5月4日，习近平总书记在纪念马克思诞辰200周年大会上的讲话中指出，"马克思主义不仅深刻改变了世界，也深刻改变了中国"。马克思主义怎么深刻改变了中国？我认为其内涵就在于：马克思主义的中国化、中国化的马克思主义深刻改变了中国。马克思的著作、理论、思想、学说，如何成为中国共产党人的指导思想和意识形态？这里面就有一个重要的转化环节，这个环节就是马克思主义的中国化，就是要把马克思主义从德国的形态变为中国的形态，从欧洲的形态变为亚洲的形态，从西方的形态变为东方的形态，这就是我们讲的马克思主义的中国化时代化。

1938年10月，毛泽东在党的六届六中全会上作的报告《论新阶段》中首次明确地提出"马克思主义中国化"的概念。毛泽东是马克思主义中国化的伟大开拓者，毛泽东思想是马克思主义中国化的表现形态，实现了马克思主义中国化的第一次飞跃。2021年中国共产党建党一百周年，"中国共产党为什么能"？其中的一个关键点就是始终重视思想建党、理论强党，强调重视总结历史经验，从学习中走向未来。而毛泽东研究、毛泽东思想研究、毛泽东思想的当代价值与意义研究，就是其中不可或缺的重要内容。

毛泽东思想博大精深，内容特别丰富，涉及面非常广泛，因此学界的研究也是多层次、多维度、多视角的。比如从发展历程看，有毛泽东早期思想、新民主主义革命理论、社会主义建设道路的探索等；从思想分支看，有毛泽东哲学思想、经济思想、管理思想、军事思想、文艺思想、外交思想等。那么如何把握这个体系和精髓呢？关键是要读原著，要精读细读、慢慢咀嚼、深刻领会、反复思考。要从读原著开始，读原著入手，读原著做起。把读经典、悟原理作为一种生活习惯，当作一种精神追求，用经典涵养正气、淬炼思想、升华境界、指导实践。

康沛竹、艾四林主编的《毛泽东经典著作研读系列丛书》就是着眼原著，聚焦原著，精心策划，精心组织。这套丛书精选了10多部毛泽东的经典著作，从写作背景、版本考据、主要内容、影响和意义等方面条分缕析，深入研读，视野开阔，内容翔实，是毛泽东经典著作研究的重要成果，对于毛泽东思想研究，特别是广大干部群众通过学习原著把握和领会毛泽东思想，具有积极的推动作用。毛泽东的原著和文本集中体现了毛泽东思想，具有广泛的社会影响力，已经成为民族记忆、文化范式、精神标识。其中许多重要著作的重要论述深入人心、喜闻乐见、耳熟能详。比如《反对本本主义》关于马克思主义的"本本"要和中国实际相结合的论述,《实践论》《矛盾论》对马克思主义哲学的贡献,《新民主主义论》关于新民主主义革命理论的阐发,《改造我们的学习》关于"实事求是"的阐释,《论十大关系》关于"以苏为鉴"的思考,《关于正确处理人民内部矛盾的问题》关于两类矛盾的论述,等等。如何温故知新?如何常学常新?是新时代研读毛泽东经典著作需要认真思考的。

研读毛泽东经典著作,温故知新,常学常新,既要有历史眼光,又要有当代视野。其中毛泽东关于中国社会主义道路的探索与中国特色社会主义的内在关联与贯通即是一个尤为重要的问题,学术界特别关注。《毛泽东经典著作研读系列丛书》中社会主义建设时期的著作共有两篇,我们先来看《论十大关系》。从1956年2月14日起,毛泽东历时43天,先后听取了34个部委的工作汇报。4月25日和5月2日,毛泽东分别在中共中央政治局扩大会议和最高国务会议上讲话，并整理形成了著名的《论十大关系》这篇著作。《论十大关系》的主题是"以苏为鉴"，探索适合中国情况的社会主义发展道路。《论十大关系》开宗明义就指出，"特别值得注意的是，最近苏联方面暴露了他们在建设社会主义过程中的一些缺点和错误，他们走过的弯路，你还想走？过去我们就是鉴于他们的经验教训，少走了一些弯路，现在当然更要引以为戒"。毛泽东1956年提出十大关系，开始提出自己的建设路线，有我们自己的一套内容，开始找到自己的一条适合中国的路线。1978年召开的党的十一届三中全会，拨乱反正，改革开放，中国进入了社会主义现代化建设的新时期。1982年9月1日，邓小平在党的十二大开幕词中提出，"走自己的路，建设有中国特色的社会主义，这就是我们总结长期历史经验得出的基本结论"。从而高举起中国特色社会主义的伟大旗帜，坚定不移地走中国特色社会主义发展道路。经过长期的不懈奋斗和接力探索，中国特色社会主义进入了新时代。我们再来看《关于正确处理人民内部矛盾的问题》，这是1957年2月毛泽东在最高国务会议上（作）的报告。他强调必须区分敌我矛盾和人民内部矛盾这两类不同性质的矛盾，还提出了正确处理人民内部矛盾的一系列具体方法，比如"统筹兼顾，适当安排""百花齐放，百家争鸣""互相监督，长期共存"，等等。这些论述实际上已经开始尝试探索社会主义条件下的国家治理问题，具有重要意义。2019年10月召开的党的十九届四中全会是新中国成立以来、改革开放以来第一次专门集中研究坚持与完善中国特色社会主义制度、推进国家治理体系和治理能力现代化重大问题的党的中央全会，会议审议通过了《中共中央关于坚持和完善中国特色社会主义制度 推进国家治理体系和治理能力现代化若干重大问题的决定》(下简称《决定》)。《决定》从战略上回答了"坚持和巩固什么、完善和发展什么"的重大时代课题，体现了清醒的制度自觉、坚定的制度自信、强烈的制度创新，开辟了"中国之治"的新

序

境界。

　研读毛泽东经典著作，温故知新，常学常新，必须紧扣马克思主义中国化时代化这条主线。马克思主义中国化时代化是中国共产党人的伟大创造，马克思主义中国化时代化这个命题的提出本身就体现了中国共产党人的理论自觉和文化自信。马克思主义从传入传播到中国化是个过程，这个过程产生了中国化马克思主义这个结果。《毛泽东经典著作研读系列丛书》收入10多部关于毛泽东经典著作的研读，时间涵盖了从第一次国内革命战争时期到社会主义建设时期，但是仔细看一下，还是延安时期居多。为什么？就是因为延安时期形成了毛泽东思想，实现了马克思主义的中国化。从延安时期马克思主义中国化来看，既有哲学理论层面，即《实践论》《矛盾论》的理论阐发；也有思想路线层面，即提出实事求是的思想路线；还有实际工作层面，即阐述军事辩证法、统一战线的辩证法、领导方法工作方法的辩证法，等等。马克思主义不仅和中国哲学、中国文化结合，马克思主义基本原理同中国具体实践相结合，同中华优秀传统文化相结合，而且具体运用于实际工作的各个方面，渗透于军事、统战、党建等各个领域，表明马克思主义已经与中国哲学、中国文化、中国实践结合并开始融为一体，马克思主义具有了中国特性、中国作风、中国气派。马克思主义中国化了，它既是马克思主义的，也是中国的。概而言之，1937年毛泽东《实践论》《矛盾论》对马克思主义哲学的贡献，1938年10月毛泽东在党的六届六中全会上关于"马克思主义中国化"的论述，1940年毛泽东《新民主主义论》关于新民主主义革命理论的阐发，1945年党的七大将毛泽东思想确立为党的指导思想，等等，标志着延安时期实现了马克思主义中国化。马克思主义从传入时的翻译介绍，到传播时的研究阐释，再到中国化时的全面实践，马克思主义中国化这个过程产生了中国化马克思主义这个结果，形成毛泽东思想这个马克思主义中国化的表现形态。

序

研读毛泽东经典著作,温故知新,常学常新,必须牢牢把握毛泽东思想活的灵魂。毛泽东思想活的灵魂是贯穿其中的立场、观点、方法,有三个基本方面,即实事求是、群众路线、独立自主。实事求是是毛泽东思想的根本点、出发点,是党的思想路线的核心,是最重要的思想方法、认识方法、工作方法、领导方法。毛泽东在《改造我们的学习》中指出,"'实事'就是客观存在着的一切事物,'是'就是客观事物的内部联系,即规律性,'求'就是我们去研究"。实事求是的基本内涵就是从客观事物中认识和把握客观规律,尊重规律,一切从实际出发,理论与实际相结合。实事求是是中国共产党人的基本要求和看家本领,必须时时处处牢记于心,付之于行。今天讲实事求是,就要深刻把握世情国情党情的变化,深刻认识世界百年未有之大变局,以中国式现代化全面推进中华民族伟大复兴。群众路线是我们党的生命线和根本工作路线,体现了马克思主义关于人民群众是历史创造者的基本原理和党全心全意为人民服务的根本宗旨。今天讲群众路线，就要秉持人民至上的价值立场，坚持以人民为中心的发展思想。坚持人民主体地位，坚持和完善人民当家作主的制度体系，建设人民满意的服务型政府。顺应民心，尊重民意，关注民情，致力民生。有效对接民众生活，体察群众生活感受，加强普惠性、基础性、兜底性民生建设。满足人民日益增长的美好生活需要，把制度优势和治理效能更多更好地转化为人民的幸福感、获得感、安全感。独立自主是我们党从中国实际出发，依靠党和人民力量进行革命、建设、改革的必然结论。不论过去、现在和将来，我们都要把国家和民族发展放在自己力量的基点上，坚持民族自尊心和自信心，坚定不移走自己的路。今天讲独立自主，就要一以贯之坚持和发展中国特色社会主义，坚决维护国家主权、安全。坚持自主创新，把关键技术、核心技术牢牢掌握在自己手中，赢得国际竞争的战略主动和比较优势。

序

研读毛泽东经典著作,温故知新,常学常新,必须着力于发展当代中国马克思主义。毛泽东思想实现了马克思主义中国化的第一次历史性飞跃,中国特色社会主义理论体系实现了马克思主义中国化新的飞跃,习近平新时代中国特色社会主义思想是当代中国马克思主义、21世纪马克思主义,是中华文化和中国精神的时代精华,开辟了马克思主义中国化时代化新境界,实现了马克思主义中国化时代化新的飞跃。新时代推进马克思主义中国化的重大课题和主要任务,就是发展当代中国马克思主义,学思践悟习近平新时代中国特色社会主义思想。如何发展当代中国马克思主义,习近平总书记有系统论述和深刻阐释:一是强调坚持用马克思主义观察时代、把握时代、引领时代。二是明确提出了当代中国马克思主义、21世纪马克思主义的重大概念,特别重视和强调原创性贡献、标识性概念、引导性范畴,强化马克思主义研究的自主性、独创性、原创性、标识性。三是突出马克思主义的整体性，贯通哲学、政治经济学、科学社会主义，把马克思主义哲学作为看家本领，构建中国特色社会主义政治经济学，推动新时代中国特色社会主义不断发展。四是坚持政治性和学理性相统一，打通政治性话语与学术性话语的话语壁垒。坚持马克思主义在意识形态领域的指导地位，构建中国特色哲学社会科学的学科体系、学术体系、话语体系。五是加强中国道路的学术阐释、学术表达，用中国理论解读中国道路。增强理论自觉，坚定理论自信，讲好中国故事，提升中国话语的国际传播。

习近平总书记指出，"我们党依靠学习创造了历史，更要依靠学习走向未来"。面对波诡云谲、纷繁复杂的国际形势，面对世所罕见、时所罕见的风险挑战，如何统筹两个大局，保持战略定力，把自己的事情做好，就要在常学常新中加强理论修养，在知行合一中主动担当作为。《毛泽东经典著作研读系列丛书》的出版，对毛泽东经典著作研读将会给我们带来新的感悟和思考，从历史中得到启迪，从经典中汲取智慧，从学习中走向未来。

郭建宁

清华大学马克思主义学院特聘教授
习近平新时代中国特色社会主义思想研究院研究员
北京大学马克思主义学院原院长
2023年5月

目 录

- **第一章**

  《改造我们的学习》的写作背景

  一、第二次世界大战的全面爆发与共产国际七大 / 003

  二、抗日战争进入相持阶段与国民政府政治方针的重大变化 / 009

  三、党的六届六中全会与学习运动 / 015

  四、毛泽东的领袖地位在党内逐步确立 / 028

- **第二章**

  《改造我们的学习》的版本考据

- 第三章

《改造我们的学习》的主要内容

一、学习马克思列宁主义的重要性和必然性 / 051

二、学习运动中存在的缺点和问题 / 076

三、理论和实际统一的马克思列宁主义的作风 / 104

四、改造一下全党的学习方法和学习制度 / 134

- 第四章

《改造我们的学习》的启示意义

一、学习是中国共产党走向强大的重要法宝 / 163

二、必须不断推进党的自我革命 / 185

三、马克思主义必须中国化时代化 / 200

第一章

《改造我们的学习》的写作背景

《改造我们的学习》是毛泽东在延安干部会上所作的报告。在报告中毛泽东回顾了党的历史进程，指出了党内存在的不良学风，确立了实事求是的学习态度，提出了开展调查研究、组织化学习和以实际问题为中心等改造学习的举措。《改造我们的学习》是在第二次世界大战全面爆发的国际背景下，抗日战争进入相持阶段的国内环境下，党的六届六中全会通过关于开展学习运动的决议、毛泽东的领袖地位在党内逐步确立的形势下诞生的，对于提高广大党员、领导干部尤其是党的高级领导干部的思想认识，增强党的凝聚力和战斗力产生了积极作用。

一、第二次世界大战的全面爆发与共产国际七大

1929—1933年资本主义世界经历了空前严重的经济危机，危机席卷了社会生活的各个方面，其持续时间之长，范围规模之广、破坏程度之深前所未有，资本主义陷入了经济大萧条，社会政治一片混乱。

为应对这场危机，各资本主义国家纷纷寻找出路。对内，资本主义国家将危机进一步转嫁到劳动人民身上，为阻止物价猛跌，垄断寡头大规模破坏生产力和销毁产品，尤以美国为甚，牲畜屠宰后被抛弃，棉花被拿出铺路，粮食被当作燃料烧毁，咖啡被投入大海，水果烂在地里，而广大劳动人民则在饥寒交迫中痛苦挣扎。对外，资本主义各国展开了空前激烈的关税战和贸易战。1930年，美国首先提高关税，限制其他国家的商品进入美国的市场，以保护国内市场。随后英国也宣布大幅度提高进口商品关税。其他主要资本主义国家也纷纷效仿，整个资本主义世界在国际市场上展开了殊死搏斗，硝烟弥漫。

在这场激烈的较量中，美、英、法三国优势明显，

美国国内市场庞大，拥有雄厚的经济实力，英法两国则拥有广大殖民地，这三国为巩固优势，扩大势力范围，逐渐形成了排他性的经济集团。第二次工业革命发展起来的新兴国家，如德国和日本，虽然经济上取得很快发展，但是在世界政治经济体系中的地位远不如美、英、法。德国本国国内市场狭小，国际市场又受到美、英、法等国的控制，日本更是如此。它们在经济上竞争不过老牌的帝国主义国家，国内市场消化不了本国产品，工业生产急剧过剩，经济陷入停滞，于是两国拼命扩大军火生产，寻求武力开辟世界市场，重新瓜分世界，以侵略战争的方式寻求摆脱危机的出路。

首先发动侵略战争的便是日本。1931年9月18日，日本关东军按照预定入侵计划，自行炸毁了沈阳北郊柳条湖附近南满铁路的一段路轨，反诬是中国军队所为。继而以此为借口，突然攻击中国东北军驻地北大营和沈阳城，这就是震惊中外的九一八事变。国民党政府对日本侵略行径采取妥协退让方针，英美等国采取不干涉政策，其操纵下的国际联盟并没有对日本采取任何有力的制裁措施。这些都助长了日本帝国主义侵略扩张的野心。

与此同时，德国法西斯也开始扩军备战，在政治上残酷镇压德国革命力量，对共产国际执行委员会委员、保加利亚工人阶级的领袖季米特洛夫进行了非法的审讯,并通过一系列法律和法令,取消地方选举,组织了严密的特务网;在文化教育上推行法西斯化,大量烧毁革命和进步书籍,学校教育全力灌输"优胜劣败、弱肉强食"的法西斯观念,鼓吹德国"人口过剩"论和"种族优劣"论,为发动侵略战争制造舆论,竭力发展以"总体战经济"为口号的国家垄断资本主义,提出"大炮代替黄油"的口号,通过加强对劳动人民的掠夺和剥削加速扩军备战。

为了实现霸权野心,东西方法西斯势力媾和起来。1936年11月,德日签订《反共产国际协定》,从东西两面威胁苏联。在亚洲战场,1938年11月,日本提出其所谓的"东亚新秩序",明确建立以"日、满、华三国合作"为基础,以取代以美、英为主的东亚旧秩序。对于日本的声明,美、英等国一方面表示严重抗议,另一方面又企图牺牲中国的利益来稳住日本。1939年7月,英国表示承认日本在中国造成的实际局势。欧洲战争爆发后,美、英、法等国更加急于对日本妥协。1940年4月,三国向蒋介石施压,要求中国立即停止抗战。随后,英法两国又应日本的要求,封闭了滇越铁路和滇缅公路,切断了中国西南的国际通道。英、法、美等主要国家出于保全自己的需要,纷纷采取了牺牲中国利益的，史称"远东慕尼黑"的对日妥协政策，从而迎合了日本通过政略和谋略摆脱困境的侵华战略的需要。

在此期间，苏联的对日政策也趋于缓和，表示愿与日本谈判解决一切争端。1941年4月，苏联与日本签署了《苏日中立条约》，双方承诺将在缔约国与第三者冲突期间严守中立，苏联承认日本对伪满洲国的控制，以换取日本停止"北进"攻击苏联。总之，中国抗战战略相持阶段到来前后，世界各主要国家采取保全自己、对日妥协的政策，使中国继续处于独立抗战的境地。没有外力援助，从客观上迫使中国共产党走自力更生、独立自主的抗战路线。《改造我们的学习》提出对现状问题进行深入的研究，就是对这一国际形势的积极回应。

面对法西斯势力在世界范围内的不断扩张，共产国际（也称"第三国际"）于1935年7月25日至8月20日召开第七次代表大会，这也是共产国际的最后一次代表大会。当时的共产国际总书记季米特洛夫在大会上作了《法西斯的进攻和共产国际为建立反法西斯统一战线而斗争的任务》的报告，提出建立反法西斯统一战线，指出殖民地半殖民地国家共产党的任务是反对帝国主义的民族统一战线。大会通过的《关于共产国际执委会工作的决议》中，就强调各国共产党有权根据本国的实际情况制定相应的政策和策略，规定"要帮助各国共产党运用本身的经验和世界共产主义运动的经验，但要避免机械地把一个国家的经验套用到另一个国家，避免用一成不变的方法和笼统公式去代替具体的马克思主义分析"[1]。共产国际路线政策的转变，也重新规定了各国共产党与共产国际领导机构之间的关系，使得共产党人对兄弟党的经验能够采取独立自主的、创造性的态度，也鼓励中国共产党根据本国情况制定更加灵活有效的政策。

为传达共产国际"七大"精神，中国共产党驻共产国际代表林育英（张浩）于1935年11月到达陕北。12月，中共中央在陕北瓦窑堡召开政治局扩大会议。会上，张浩传达了共产国际"七大"精神。会议讨论了军事战略问题、全国的政治形势和党的政策路线问题，并通过了《中央关于目前政治形势与党的任务决议》，该《决议》明确提出要"把马克思列宁斯大林主义活泼的运用到中国的特殊的具体环境去"，反对"把马克思列宁斯大林主义变成死的教条"。[2]复杂的国际环境，共产国际对中共的"松绑"，客观上都要求中国共产党要独

---

[1]《国际共产主义运动历史文献》（第58卷），中央编译出版社2015年版，第616页。
[2]《中共中央文件选集（1934—1935）》（第10册），中共中央党校出版社1991年版，第618—619页。

立自主地解决中国革命问题。由此中国共产党人也产生了理论上的自觉,深刻认识到不能做空谈抽象的马克思主义原则的"圣洁的教徒",需要坚持以马克思主义为指导,解决中国革命的实际问题,这也为克服党内教条主义倾向提供了一定的思想基础。毛泽东也强调:"我们的任务,是领导一个几万万人口的大民族,进行空前的伟大的斗争,所以,普遍地深入地研究马克思列宁主义的理论的任务,对于我们,是一个亟待解决并须着重地致力才能解决的大问题。"[1] 而为了适应新的国际形势,克服党内存在的教条主义,改造党的学风也就更为必要。《改造我们的学习》就是在这样的国际环境下创作出来的。

---

[1]《毛泽东选集》(第2卷),人民出版社1991年版,第533页。

二、抗日战争进入相持阶段与国民政府政治方针的重大变化

日本在发动侵华战争初期,实行的是速战速决的战略,虽然取得了一些军事上的胜利,但战争局势并不如日本所想。随着日本侵占中国领土的扩大,战线越拉越长,兵力愈益分散,再加上长期战争的消耗,日本的战争能力开始出现严重问题。此外,侵华战争严重动摇了日本的经济基础,庞大的军费开支和武器弹药的生产,消耗了大量资源,破坏了日本重要产业的正常运转。而中国的全国抗战更是大量消耗了日本的军事力量,打乱了日本的整体战略,其南进扩张计划与针对苏联的北进战略严重受阻。

上述种种,日本不得不调整其侵华战略。一是坚持以政治攻势为主、军事打击为辅,对国民政府采取诱降政策。1938年11月,日本政府发表声明,表示"如果国民政府抛弃以往的一贯政策,更换人事组织,取得新生的成果,参加新秩序的建设,我方并不予以拒绝"[①]。

---

① 转引自《中国抗日战争史》,人民出版社2011年版,第401页。

这个声明也标志着日本企图将承认国民政府存在作为条件，诱使国民政府对日妥协。二是在军事上大大减少了对正面战场的进攻，集中主要力量巩固其占领区。武汉会战后，侵华日军放弃速战速决，着手准备长期战争，明确规定军事要服务政治，进一步限制作战空间，实行以保守占领地为主的部署，以减少军事消耗。三是建立长期自给的作战体制。为适应持久战需要，侵华日军企图以"节流"的方法减轻国力负担，努力提高独立生存能力，实现长期自给。日本侵略者在整体上由战略进攻转为战略保守，开始将作战重点转向敌后战场。

随着抗日战争相持阶段的到来，美、英等国对日实施绥靖政策，日本的侵华方略调整为政治诱降为主，正面战场压力骤减，再加上中国共产党领导的人民力量的壮大，国民政府的抗战意志发生动摇，内部开始分化。以汪精卫为代表的亲日派公开投敌叛国，以蒋介石为代表的亲英美派则消极抗日、积极反共。

1939年1月，国民党召开五届五中全会，主要议题是抗战、自身党务及国共关系等问题。首先在抗战问题上，虽然国民党坚持了继续抗战的立场，但仍存在不彻底性，对完全恢复包括东三省在内的全部失地和主权并没有信心，并且虽然反对对日妥协，然而并未断然排除与日本侵略者谈判媾和的可能性。其次在自身党务问题上,国民党虽然看到了自身存在的问题,也提出要重视自身建设,提出"今后本党应力求在乡村社会力量之发展。过去本党组织仅偏重城市而忽略乡村,致广大之农民群众易为异说所乘"[①],但并没有从根本上认识到其自身危机源于腐败和脱离群众,而是将中国共产党的壮大视为造成自身颓势的重要原因。此后,国民党先后制定了一系列反共秘密文件,如《防制异党活动办法》《共党问题处置办法》等,形成了"溶共""防共""限共""反共"的方针。

国民党顽固派不断在军事上发动反共攻击,经常派一些部队在共产党领导的敌后抗日根据地周边制造军事摩擦。1939年12月,国民党顽固派的反共活动进一步升级,由小规模军事摩擦发展成大规模的军事进攻,分别对晋西地区、陕甘宁地区和太行山地区对中国共产党领导的抗日武装发动军事进攻,形成了第一次反共高潮。中国共产党领导的八路军奋起反击,打退了国民党顽固派的第一次反共高潮。但国民党顽固派并未放弃反共立场,将反共重心转移到华中地区,并于1941年1月,制造了震惊中外的皖南事变。新四军军部及其所

---

① 《中国国民党历次代表大会及中央全会资料》(下),光明日报出版社1985年版,第553页。

属的皖南部队9000余人，在遵照国民党军事当局的命令向北转移途中遭遇国民党军7个师约8万人的伏击和围攻，新四军除2000余人突围外，大部牺牲，军长叶挺被扣押，副军长项英遇害。面对严峻局势，中国共产党仍以抗日大局为重，军事上严守自卫，政治上坚决反击，逐步击退国民党顽固派的第二次反共高潮。

皖南事变之后，1941年1月15日，中共中央召开政治局会议，总结其中的历史教训，毛泽东在会上指出，皖南事变的根本原因是，"有同志没有把普遍真理的马列主义与中国革命的具体实际联系起来"，"没有了解中国革命的实际，没有了解经过十年反共的蒋介石"[1]，并将反对教条主义的问题提高到党性的高度来认识，会议通过的《中央关于项袁错误的决定》中指示"全党特别是军队中干部与党员的党性教育与党性学习，决不可轻视这个绝大的问题"[2]。这也促使中共中央进一步反思对在长期游击战争环境下党内存在的小资产阶级的思想意识、不实事求是地了解具体情况、不严肃慎重地对待问题等现象，进一步探索改进党内学风问题。

---

[1] 转引自《毛泽东传》(第2册)，中央文献出版社2011年版，第636页。
[2] 《中共中央文件选集（1941—1942）》(第13册)，中共中央党校出版社1991年版，第33—34页。

第一章 《改造我们的学习》的写作背景

另一方面国民党顽固派在思想战线也对共产党发起攻势。全面抗战爆发后，国共两党围绕着三民主义问题展开了激烈论战。1938年初，国民党顽固派就发动鼓吹"一个主义""一个政党""一个领袖"的宣传活动，攻击中国共产党和马克思主义。抗战进入相持阶段后，国民党顽固派的反共宣传更是变本加厉。这主要包括：一是极力宣传只有三民主义才适合中国，中国不需要马克思主义，如所谓国民党"理论家"的叶青声称，三民主义足以解决中国的现在和将来问题，"中国有三民主义就够了，用不着社会主义"[1]。二是歪曲"中国化"的含义，认为中国化就是要变更其形式，创造出与原来不同的新东西，中国的东西，"中国化云者，变为中国的之意"。指责"马克思主义中国化"，就是"依照中国的发展法则或特殊情形把马克思主义分解为适与不适的两部分加以取舍"，依此方式"马克思主义在中国化后，一方面所剩无几，一方面失掉特征，可说面目全非了"。[2]三是鼓吹"统一救国"理论，认为从中国历史发展趋势来看，终将是要由封建走向统一，而中国共产党提出的依靠农民，武装割据等是违反历史潮流，是不适合中国

---

[1] 叶青：《三民主义与社会主义》，《血路》1939年第46期。
[2] 叶青：《与毛泽东论共产主义（中）》，《国防周报》1941年第1卷第6期。

需要的,并污蔑中国共产党"破坏国家统一",叫嚣以"三民主义代替共产主义"。国家社会党的代表张君劢也在蒋介石授意下发表《致毛泽东先生一封公开信》,要求共产党取消边区,"八路军之训练与指挥"应完全交给蒋介石,"将马克思主义暂搁一边"[1],也有人主张走另外一条道路。这些破坏抗日和团结的言论,使广大群众对抗日前途和中国未来产生严重担忧。

为了回应国民党的攻击与污蔑,并回答中国向何处去的问题,毛泽东、张闻天、周恩来等中共中央领导人以及延安理论界发表了一系列理论文章,有力揭露和批判了各种虚假三民主义,驳斥了对马克思主义中国化的歪曲,阐明了中国共产党的理论和纲领,回答了中国向何处去的问题。也正是在与三民主义的论战中,以毛泽东为主要代表的中国共产党人对马克思主义中国化的可能性与必要性,对系统研究中国历史、研究中国革命实际问题,对中华优秀传统文化的认知都有了更为深切的认识,对坚持以马克思主义指导解决现实问题有了更为迫切的要求。《改造我们的学习》也是适应这样的国内背景,向党内提出系统深入研究现状、研究历史和学习马克思主义等学习要求。

---

[1] 张君劢:《致毛泽东先生一封公开信》,《再生》1938年第10期。

三、党的六届六中全会与学习运动

中国共产党自成立之日起就将党员的学习教育作为党的建设的重要方面。中共一大就主张设立组织委员和宣传委员,专门负责党员教育工作。1924年5月,党的第三届中央执委会第一次扩大会议,更是提出"党内教育的问题非常重要,而且要急于设立党校养成指导人才"[1],而后中国共产党最早的两所党校——安源党校、北京党校相继成立。在土地革命时期,随着大量农民和小资产阶级分子不断被吸收入党,党内存在各种非无产阶级思想。对此,1929年《古田会议决议》确立了思想建党、政治建军的原则,主张用无产阶级思想进行军队和党的建设,把思想建设放在党的建设首位,通过党内教育肃清各种非无产阶级思想。中国共产党通过创办党校和各种培训班,如马克思共产主义大学、苏维埃大学和工会干部培训班等,培养了一大批革命干部。

中共中央到达延安后,有了较为稳定的政治环境,

---

[1]《中共中央文件选集(1921—1925)》(第1册),中共中央党校出版社1989年版,第245页。

也为开展全党范围内的学习运动提供了有利条件。1935年12月，瓦窑堡会议确立了建立抗日民族统一战线的策略方针，指出为适应新时期革命的需要，必须在组织上扩大与巩固党，同时"应该使党变为一个共产主义的熔炉"，强调"党内斗争的火力，应该向着那些坚持错误观点，不愿学习锻炼，不受指导教育的同志"，[①]新的革命形势和战略策略，迫切需要全党深入学习领会。1936年12月，毛泽东在《中国革命战争的战略问题》中明确提出了"重要的在善于学习"的任务。而随着抗日民族统一战线的逐步确立，中国共产党的斗争方式、组织方式和工作方式要实现从武装到和平，从非法到合法的转变，"这种转变是不容易的，需要重新学习"[②]。这种学习既是政策策略的学习，同时也是政党自身为适应形势环境变化的一种适应性调整，通过全党组织化的学习，统一全党的思想和行动，实现政党目标。

为适应形势发展，1938年3月，中共中央通过《关于大量发展党员的决议》，指出目前最为迫切的任务就是"大量的十百倍的发展党员"，并要求"对新党员应注意给他们以初步的马列主义与党的建设的教育，使他

---

① 《中共中央文件选集（1934—1935）》（第10册），中共中央党校出版社1991年版，第622页。
② 《毛泽东选集》（第1卷），人民出版社1991年版，第263页。

们了解共产主义与其他党派的理论思想的基本区别"[1]。据统计到1938年底,共产党员的人数"已从全国抗战开始的4万多发展到50余万"[2],党员队伍的扩大,为完成党的政治任务提供了强有力的保障。

这些新党员革命积极性很高,给党带来了新鲜血液和活力,但从党的自身要求来看,党员的扩大也带来较为严重的问题。一方面这些新党员绝大多数出身于农民和小资产阶级,在长期生活中本身思想中就存在着较为严重的个人主义、自由主义等非无产阶级的思想意识,很容易受到一些错误思想和作风的影响;另一方面,党内长期存在的教条主义并没有得到彻底的解决。1937年毛泽东就指出当时党内存在的关门主义、冒险主义、宗派主义问题,特别是在"宣传教育上的高傲态度、不深刻与普遍地联结于实际、党八股等等的作风"[3]。不仅如此,由于长期处于紧张残酷的革命战争环境,使党不可能对党员开展系统的马克思列宁主义教育,党内对什么是马克思列宁主义、如何正确对待马克思列宁主义等基

---

[1]《中共中央文件选集(1936—1938)》(第11册),中共中央党校出版社1991年版,第467页。
[2]《中国共产党历史 第一卷(1921—1949)》(下册),中共党史出版社2011年版,第508页。
[3]《毛泽东文集》(第1卷),人民出版社1993年版,第507页。

《改造我们的学习》研读

本问题缺乏系统思考,以致不能辨别一些错误理论,也更不能从理论上认识和思考中国革命屡次受挫和失败的原因。这些都暴露出党内存在着理论准备不足,运用能力不强的弱点。

新问题与老毛病相互交织,老办法也解决不了新问题,这迫切需要在党内开展一次广泛深入的学习运动,以克服党内存在的错误思想,使党员干部能够运用马克思列宁主义的立场、观点和方法来辨别是非,解决问题,建设名副其实的大党。正如毛泽东所强调的,"学习是我们注重的工作,特别是干部同志,学习的需要更加迫切,如果不学习,就不能领导工作,不能改善工作与建设大党"[①]。

1938年9月至11月,中共中央召开扩大的六届六中全会,毛泽东代表中央作了《论新阶段》的政治报告。在报告中,毛泽东明确提出了"马克思主义中国化"的命题,指出"马克思主义的中国化,使之在其每一表现中带着中国的特性,即是说,按照中国的特点去应用它,成为全党亟待了解并亟须解决的问题"[②],并强调只有学习和运用马克思列宁主义理论,研究历史,研

[①]《毛泽东文集》(第2卷),人民出版社1993年版,第179页。
[②]《中共中央文件选集(1936—1938)》(第11册),中共中央党校出版社1991年版,第658—659页。

究当前的情况和趋势，才能够推进马克思主义的中国化，号召"来一个全党的学习竞赛"，指出"如果我们党有一百个至二百个系统地而不是零碎地、实际地而不是空洞地学会了马克思列宁主义的同志，就会大大地提高我们党的战斗力量"①。毛泽东在《论新阶段》中关于"学习"的论述，实际构成了《改造我们的学习》的主要内容和框架。

1938年11月6日，党的六届六中全会通过了《政治决议案》，要求必须提高全党理论的水平，自上而下一致地努力学习马克思列宁主义的理论，"学会灵活地把马克思列宁主义及国际经验应用到中国每一个实际斗争中来"②，研究中国历史，以提高广大党员干部的文化水平。12月13日，毛泽东在出席延安党政军机关及各群众团体检查工作的干部晚会上进一步强调要"加紧学习，学习马克思列宁主义、革命运动及中国历史"③。12月25日，党的机关报《新中华报》发表《一刻也不要放松了学习》的社论，轰轰烈烈的学习运动拉开了

---

① 《毛泽东选集》(第2卷)，人民出版社1991年版，第533页。
② 《中共中央文件选集（1936—1938）》(第11册)，中共中央党校出版社1991年版，第757页。
③ 李维汉：《回忆与研究》(上)，中共党史资料出版社1986年版，第430页。

序幕。

1939年2月，中共中央成立干部教育部，并制定公布了《延安在职干部教育暂行计划》，对干部学习教育的目的、方针、内容和学习方法等问题进行了较为具体的规定，如成立学习小组，每天两小时的读书制度等。5月20日，中共中央干部教育部召开学习运动动员大会，毛泽东出席并讲话，指出六中全会关于学习问题的决议是非常重要的，认为当前队伍里存在"本领恐慌"，迫切需要加强学习，而干部教育制度就是一个新发明，是一所无期大学，学习的方法是"挤"和"钻"，提出学习应该学到底，号召"全党的同志，研究学问，大家都要学到底，都要进这个无期大学。要把全党变成一个大学校"[①]。1939年6月，毛泽东进一步指出，"全党干部学习运动，对提高全党干部的理论文化水平，有头等重要的意义"[②]。这一阶段是学习运动的推进阶段，使全党上下逐步认识到学习的极端重要性。

1940年1月，在总结过去一年学习运动经验基础上，中共中央下发《关于干部学习的指示》，其中对干部学习的主要课程、不同文化水平的干部的学习要求作

---

① 《毛泽东文集》(第2卷)，人民出版社1993年版，第185页。
② 《毛泽东文集》(第2卷)，人民出版社1993年版，第224页。

了较为细致的规定，要求"各级党的领导机关应经常注意检查党校和干部训练班的工作，提高其质量"[①]。由此，学习运动也走向正规化和提质阶段。

在关于学习运动正规化方面，中共中央主要着眼于学习教育机构的设立和学习制度的完善。就学习教育机构来说，1940年2月，中共中央下发《关于办理党校的指示》，要求各地党的领导机关应以办理党校作为加强学习的重要举措，针对干部教育的特殊性，逐步探索出多层次的学习内容和学习方式，采取灵活的学习形式，对各类党校的学习时长、课程设置、教学形式、学习方法、教员选择、教学目标、运行机制等作出明确规定。在学校教育方面，中共中央在延安先后开办了抗日军政大学、陕北公学、马列学院、泽东青年干部学校等作为各类干部的教育机构。

就学习制度来说，首先就指导制度而言，由于长期的战争环境，党员干部的理论水平普遍比较低下，在学习方面需要赋予指导。一是各级宣传部作为学习运动的指导机构，"应负责组织同级在职干部的学习，定出一定的学习计划，并保障其完成，对文化程度低的同志首

[①]《中共中央文件选集（1939—1940）》（第12册），中共中央党校出版社1991年版，第228页。

先应以消灭文盲与提高文化程度为中心"[1]。二是普通党员的学习活动以巡回教育的方式进行,特别是在离延安较远的地区建立了巡回教授站,更多地吸收了党员参加学习。此外,还专门建立了顾问团制,负责"及时的解答疑问和争议",进而"活跃学习和引导干部到独立思考问题"[2]。三是邀请相关负责同志作报告的制度,特别是时事问题的学习中,"应该经常多请当地的和外来的负责同志报告各种时事问题及各种实际工作的情况与经验"[3],从而加深党员干部在学习中对现实问题的认知和理解。

其次就保障制度而言,为党员干部的学习提供支持和保障,中央制定了一系列保障制度体系,如经费保障,要求各级党组织必须为支部教育筹出专门的经费,并"从中央津贴延安各干部学校学习基金中,拨出一部分为发展在职干部教育经费之用"[4]。如教材保障,中央

---

[1]《中共中央文件选集(1939—1940)》(第12册),中共中央党校出版社1991年版,第72页。
[2]《中共中央文件选集(1939—1940)》(第12册),中共中央党校出版社1991年版,第526页。
[3]《中共中央文件选集(1939—1940)》(第12册),中共中央党校出版社1991年版,第303页。
[4]《中共中央文件选集(1941—1942)》(第13册),中共中央党校出版社1991年版,第247页。

在马列学院设立编译部,翻译出版"马、恩丛书"(10册)和《列宁选集》(20卷),为领导干部的理论学习提供了文本支撑。此外,中央专门组织编写了针对不同层次干部学习课程的教科书和参考资料,特别是对于政治课教材,指出要充分利用《解放日报》、中央文件及中央各部委出版的材料书。还有学习时间的保障,提出建立在职干部平均每日学习两小时的制度,并要求"全党在职干部必须保证平均每日有两小时的学习时间,非因作战或其他紧急事故不可耽搁"[①]。

最后就检查制度而言,为督促学习的开展,提高学习成效,自 1939 年 8 月至 1940 年 5 月,中共中央干部教育部先后对延安在职干部学习进行三次大检查,并总结学习经验。如在 1939 年 8 月的检查中,李维汉就撰写了《怎样展开延安在职干部的学习》,总结了学习运动三个月以来延安在职干部的学习经验,特别指出在理论学习中存在的只注重历史结论,忽视了历史分析,只注重记忆马列主义的形式和条文等问题,对学习方法和学习形式作了具体调整,指出"以后全延安在职干部学习的总检查,每四个月一次,由中央干部教育部领导举

[①]《中共中央文件选集(1939—1940)》(第 12 册),中共中央党校出版社 1991 年版,第 334 页。

行之"①。1940年1月,中央干部教育部在学习大检查时发现,学习存在不积极,学习的组织依赖上级机关等倾向。并依据检查结果,中央发布了《关于在职干部教育的指示》,对在职干部教育的实施作出详细规定,并决定以每年五月五日马克思诞生日为学习节,总结每年学习经验并进行奖励。1940年5月,中央干部教育部对在职干部学习进行了第三次大检查,形成了关于学习检查制度的一整套方案,规范学习运动的开展。

1940年6月,延安在职干部教育周年总结大会在中央大礼堂召开,朱德、任弼时等出席并讲话。朱德在讲话中介绍了前方学习情况,并进一步指出,"学习马列主义一定要和实际联系起来,要能在实际中运用,要能改造实际,这才是真正的革命的马克思主义"②。任弼时介绍了国外政党学习的基本情况,也强调理论学习要与实际相结合,认为学习理论就是为了了解事物发展的规律,"就是为了我们行动有办法,而不是盲目的乱碰"③。此外总结大会评选出中央各部门的"学习模范小组",

---

① 罗迈:《怎样展开延安在职干部的学习》,《解放》1939年10月第86期。
② 朱德:《在延安在职干部学习周年总结大会上的讲话》,《解放》1940年7月第110期。
③ 任弼时:《在延安在职干部学习周年总结大会上的讲话》,《解放》1940年7月第110期。

甲类组共8组，如洛甫小组、陈云小组等；乙类组共21组，如中央宣传教育部小组、抗大合作社第一小组；丙类组共10组，如中央秘书处、职工委员会等。①通过榜样的示范和激励，推动学习运动的深入开展。

为了进一步提高学习质量，1940年10月，中央宣传部下发《关于提高延安在职干部教育质量的决定》，指出延安在职干部教育虽然取得一定成绩，但仍存在一些弱点，特别是许多干部在学习中仍旧照本宣科，没有形成独立思考的习惯。为此，该《决定》提出加强策略学习和时事政治研究，加强学习的指导，及时解答疑问和争议，总结教授方法、研究方法和学习方法，着重加强对教学质量与研究方法的检查工作等措施，特别要求干部学习要求得实效，"必须在学习上力求咬得烂、懂得透"②。1941年4月，张闻天也指出干部缺乏独立学习和阅读的能力，"他们花费了大部分的时间在讲演会、研究会上，甚至有的成了无讲不听的'听讲专门家'"，却始终是一个马列主义学习和研究的门外汉。此外，干部理论学习中还存在只注重马列主义抽象原则的学习，缺乏对各种具体知识的掌握，所以"许多马列主义的理

---

① 《那些是学习模范小组？》，《新中华报》1940年6月11日第3版。
② 《中共中央文件选集（1939—1940）》（第12册），中共中央党校出版社1991年版，第524页。

论，对许多没有具体的社会知识与科学知识的干部，只是成了空洞的、没有内容的、生硬的教条与公式"，这也使得"党在克服教条主义、公式主义中发生困难，是使党的策略不会被灵活运用，是使党的原则指示不会被具体化的很重要的主观原因之一"。①

学习运动中存在的理论与实际脱节，历史与现实剥离的状况，教条主义式学习马克思列宁主义理论的情况，毛泽东也深感必须要作出改变和调整。胡乔木回忆指出，"毛主席深深感到，一些干部包括一些高级干部，不会运用马列主义的立场与方法来具体地分析和解决中国革命的问题"②。1941年2月，毛泽东在中共中央政治局会议上，就指出在职干部教育存在的问题，有些干部"习非胜是"，把不正确的东西，也习以为是了，强调"必须造成一个风气，要造成一河大水，马克思列宁主义的革命的水，实行思想革命，用马克思列宁主义的水，彻底改革各部门的工作。过去中宣部只想用一两桶水是无法彻底改革的"③。从1941年3月起，毛泽东就开始着手解决党内理论与实际相脱节的问题，他在

---

① 《张闻天选集》，人民出版社1985年版，第296页。
② 胡乔木：《胡乔木回忆毛泽东》，人民出版社2014年版，第190页。
③ 《毛泽东年谱（1893—1949）》（中卷），中央文献出版社2013年版，第365页。

1937年10月就为已经编好的《农村调查文集》写的"序"和"跋"中指出,向社会作调查是了解实际情况的唯一方法,也是研究问题的方法。1941年5月19日,毛泽东在延安干部会上作了《改造我们的学习》的报告,虽然肯定了以往学习的成绩,但也辛辣地批判了党内存在主观主义的学习方法,进而提出"实事求是"的学习态度。《改造我们的学习》是对六届六中全会以来党的学习运动的深刻总结,一针见血地剖析了学习运动中存在的突出的主观主义倾向,旗帜鲜明地号召学习马列主义的态度,吹响了整风学习的号角,推进学习运动转向反对主观主义,使学习与整风运动相结合。

四、毛泽东的领袖地位在党内逐步确立

1935年1月,中央红军在长征途中召开的遵义会议,事实上确立了毛泽东在党中央和红军中的领导地位,并在党内不断巩固,特别是党中央到达延安后,毛泽东的理论创造,赢得了全党的衷心拥戴,这也为《改造我们的学习》发表,为整风运动的开展奠定了政治前提和理论基础。

在长征途中,毛泽东指挥中央红军逐步摆脱国民党军队的围追堵截,展现出高超的军事才能,得到党内一致认可和拥护。徐向前回忆道,"毛泽东同志说过:南下是绝路。后来的事实,完全证明了这一正确论断。'吃一堑,长一智'。我对毛主席的远大战略眼光和非凡气魄,是经过南下的曲折,才真正认识到的"[1]。1936年10月,红军三大主力胜利会师。12月7日,中央革命军事委员会在陕北保安进行调整,组成了以毛泽东为主席的新的领导班子,自此,毛泽东成为中国共产党的军事领袖。

---

[1] 徐向前:《历史的回顾》(中),解放军出版社1985年版,第456页。

第一章 《改造我们的学习》的写作背景

1937年11月,王明从苏联回到延安,并在随后召开的中央政治局会议(即"十二月会议")上,指责中央的统一战线政策。在随后的一段时期内,王明另搞一套,不听中央指挥,以共产国际派来的"钦差大臣"自居,凌驾于中央之上,并多次未经中央同意擅自发表中央决议和会议意见,严重干扰和破坏了自遵义会议以来所形成的毛泽东在党内的领导地位和正确路线。据李维汉回忆,"有一次我去看望毛泽东,他说:'我的命令不出这个窑洞'"[①]。后来,毛泽东在党的七大上也指出,"遵义会议以后,中央的领导路线是正确的,但中间也遭过波折。抗战初期,十二月会议就是一次波折。十二月会议的情形,如果继续下去,那将怎么样呢?"[②]

为解决中央领导层的分歧,1938年3月,中共中央派遣任弼时前往苏联向共产国际汇报工作,争取共产国际的支持。七、八月间,中共驻共产国际代表王稼祥带着共产国际的指示回到延安,肯定了中共中央正确的政治路线,同时也肯定了中共中央的领导机关要"以毛泽东为首",这就从根本上消除了王明以共产国际的"钦差大臣"自居、不断对中共中央的政治路线说三道

---

① 李维汉:《回忆与研究》(上),中共党史资料出版社1986年版,第443页。
② 《毛泽东文集》(第3卷),人民出版社1996年版,第425页。

四的资本,从政治上和组织上为六中全会的胜利召开做好了准备。

党的六届六中全会也使毛泽东在党内的领袖地位进一步巩固,王明在会上作了《目前抗战形势与如何坚持持久战争争取最后胜利》的发言,表示"全党必须团结统一,我们党一定能统一团结在中央和毛同志的周围(领袖的作用,譬如北辰而众星拱之)"[①]。在会上,许多人结合亲身经历,认为毛泽东是经过考验的中国共产党的领袖,如彭德怀指出,"党有了群众信仰的领袖。在我所知道的十年中,毛泽东同志基本上是正确的",认为"领袖的培养,是在坚决斗争中锻炼出来的,是由正确的领导而取得的。领袖不能委任,领袖也不是抢来的,领袖是长期斗争中产生的。我们党要经常把握正确的方向,党的领袖很重要"。[②]张闻天也在会上指出,"中央的极高的威信,中央主要领导者毛泽东同志的极高威信"[③]是克服困难的优良条件之一。此后,张闻天把召开政治局会议的地点移到杨家岭毛泽东住处,他虽然仍主持会议,但一切重大问题实际上都由毛泽东作出决断。

[①]《王明言论选辑》,人民出版社1982年版,第639页。
[②]《中共党史资料》(第46辑),中共党史出版社1993年版,第252页。
[③]《中共中央文件选集(1936—1938)》(第11册),中共中央党校出版社1991年版,第722页。

张闻天实际上只负责宣传部和干部教育部的工作。

党的扩大的六届六中全会被称为是"第二次遵义会议",如果说,遵义会议是开始纠正党内错误指导思想,确立了毛泽东的领导地位,而扩大的六届六中全会则是维护了党内的正确思想路线,巩固了毛泽东的领袖地位,加强了党的团结统一。毛泽东实现了从军事领袖到政治领袖的跨越。

抗日战争时期,中国共产党面对的形势和任务更为艰巨复杂,毛泽东深刻意识到理论的重要性。一到陕北后,毛泽东就发愤读书学习和写作,他总结土地革命战争时期经验,写出《中国革命战争的战略问题》,也有哲学方面的著作《矛盾论》和《实践论》,军事战略上的《论持久战》等。六中全会之后,毛泽东对中国革命的理论问题进行了不懈的探索,写就了《新民主主义论》这样一篇严密理论体系的文章,阐明了中国共产党的主张,科学回答了中国向何处去的问题。毛泽东这些著作的发表,在党内外引起了强烈反响,也由此奠定了毛泽东在党内的理论权威的地位。

党的扩大的六届六中全会之后,王明虽然已不再是所谓"钦差大臣",但在许多干部看来王明的文章颇有理论色彩,是党内马克思主义的理论家,"当时他的一些观点还并非完全没有市场,有人听了他口若悬河的演讲之后,还受到迷惑,认为他了不起,理论有一套"[①]。特别是1940年3月,王明将其在1930年写的《为中共更加布尔什维克化而斗争》一书印了第三版,并在序言中写道:"我们党近几年来有很大的发展,成千累万的新干部新党员,对我们党的历史发展中的许多事实,还不十分明了。本书所记载着的事实,是中国共产党发展史中的一个相当重要的阶段,因此,许多人要求了解这些历史事实,尤其在延安各学校学习党的建设和中共历史时,尤其需要这种材料的帮助。"[②] 这也直接引发了如何看待党的历史上的路线是非问题。

对此,毛泽东从1940年下半年开始,亲自主持编纂中国共产党在六大以来的主要历史文献。在这一过程中,毛泽东接触到之前在苏区时期没有看到过的材料,更加深刻感受到教条主义对中国革命带来的严重危害,认为"苏维埃末期犯了许多'左'的错误,是由于马列主义没有与实际联系起来",并进一步强调要"总结过去的错误,对于犯错误和没有犯错误的人都是一种教

[①] 吴介民主编:《延安马列学院回忆录》,中国社会科学出版社1991年版,第12页。
[②] 《王明言论选辑》,人民出版社1982年版,第114页。

育。了解过去的错误,可以使今后不犯重复的错误"[1]。为了改变党内理论脱离实际的状况,毛泽东结合党的历史和现实实际,提出了改造我们的学习的主张。

坚强的领导核心能够有效集中全党力量,科学的思想理论能够有效指导党的事业。毛泽东的领袖地位在党内逐渐形成和巩固,特别是毛泽东的理论建树,为毛泽东集中全党力量,克服党内主观主义学风提供了理论指引和政治基础。也正是毛泽东在理论和政治上的成熟,使得他能够深刻认识到党内存在主观主义的学风、宗派主义的党风和党八股的文风,从而能够有效对症下药,以自我革命的勇气,祛疴治乱,使全党实现了思想上的统一、政治上的团结和行动上的一致。

第二次世界大战爆发,各主要资本主义国家实行向法西斯势力妥协的"绥靖政策",在中国试图造成反共、反苏局面的东方慕尼黑阴谋,苏联此时对日本也采取妥协立场,加之共产国际七大授予了各国共产党一定的自主权,使得中国共产党有必要走独立自主的探索道路。在国内,抗战进入相持阶段,国民党政府抗战路线发生动摇,国民党在理论、政治和军事上对共产党的攻

---

[1]《毛泽东年谱(1893—1949)》(中卷),中央文献出版社2013年版,第238页。

击愈演愈烈，需要中国共产党坚决回应。在党内，长期以来理论准备不足的缺点仍然存在，六届六中全会以来虽然理论学习有一定成绩，但主观主义的学习态度依旧突出，党内教条主义更加明显，也需要中国共产党改造学风，进一步清理错误思想，以实现党在政治、思想上的高度团结统一。《改造我们的学习》就是在这样一个特殊复杂的社会历史环境中诞生的，毛泽东以政治家的视野，强调加强结合实际的理论学习，统一了全党的思想认识；强调对中国历史的学习，激活了全党的政治使命；强调对实际问题的调研，提高了解决问题的能力，有效解决组织失灵的问题，提升了组织的有效性，为建设思想上、政治上、组织上完全巩固的布尔什维克化政党，推动党的自我革命作了有益探索。

第二章

《改造我们的学习》的版本考据

《改造我们的学习》是延安整风运动的开篇之作，也是毛泽东延安时期的重要代表作之一，在国内外流传甚广。《改造我们的学习》是毛泽东于1941年5月19日在延安干部会议上所作的报告，胡乔木也进一步指出是在中央宣传干部学习会上作的报告。但这个讲话当时在党内并没有引起足够重视，毛泽东后来也谈道，"一九四一年五月，我作《改造我们的学习》的报告，毫无影响"[1]。随着整风运动的深入推进和《解放日报》办报方针的调整，1942年3月27日，《解放日报》头版刊发了《改造我们的学习》。

---

[1]《毛泽东年谱（1893—1949）》(中卷)，中央文献出版社2013年版，第469页。

1993年，中央档案馆主编的《毛泽东手书选集》第五卷《文稿（上）》第17—39页收录了《改造我们的学习》手稿影印版，手稿第一页左侧有一段毛泽东的批注"请嘱同志们好好排，好好校对，同时好好拼版，保证一字不错"，旁边附"放在第一版右面，自上至下九分三"。手稿正文第一段指出"这是去年5月我在延安干部会上的一个讲演，现按当时讲演提纲整理发表，以供同志们讨论"①。《解放日报》版根据上述批注对手稿版进行了校对，如将手稿版"马克斯"改为"马克思"，还有3处细微修订。《解放日报》版与手稿版内容一致，因而手稿版被认为是在《解放日报》版之前的版本。但是否为1941年报告原版，目前尚未可知。有学者写信向曾管理毛泽东手稿的齐得平咨询关于1941年5月讲演提纲手稿是否还在的问题，得到的回复是"毛主席《改造我们的学习》中央档案馆只有毛主席1942年整理的稿子，1941

---

① 《毛泽东手书选集（第5卷·文稿）》（下），北京出版社1993年版，第17页。

年5月19日讲演的提纲没有保存下来。看起来'整理'稿比'讲演提纲'的内容要详细丰富"[1]。但至少可以认定,《改造我们的学习》手稿版是公开发行的最早版本。

1942年4月,中共中央宣传部下发的《关于在延安讨论中央决定及毛泽东整顿三风报告的决定》中将《改造我们的学习》纳入整风学习文件。1942年4月延安解放社出版的《整顿三风文献》、1942年5月华北新华书店出版的《整顿三风文件二十二种》、中共中央书记处于1942年7月编纂的《抗战以来重要文献汇集》和1943年10月编纂的《两条路线》(下)等文献均收录了这篇讲话。可见,《改造我们的学习》是当时整风学习运动中的必读篇目,占据着重要位置。因而,在当时印刷的版次非常多。

在新民主主义革命时期,《改造我们的学习》出版发行主要由解放社和新华书店两大系统负责,既有单行本如新华书店1942年版、解放社1949年5月版均以单行本形式发行,据统计共有近20种版本,也有收录在其他文集中,如解放社1942年版《马恩列斯思想方法论》、新华书店1944年版《毛泽东选集》(第5卷)等。

---

[1] 雷春梅:《〈改造我们的学习〉版本研究》,湘潭大学2018年硕士学位论文。

第二章 《改造我们的学习》的版本考据

此外,由各地方出版的如1946年4月文风出版社的《整顿三风——二十二个文件》,大连大众书店1946年版的《毛泽东选集》第5卷第38—49页,中共晋察冀中央局1947年编印的《毛泽东选集》第6卷,东北书店1948年版的《毛泽东选集》第6卷第931—938页等均收录了《改造我们的学习》,但基本是以1942年《解放日报》版为底本。

新中国成立后,针对新民主主义革命时期各地方自主出版的《毛泽东选集》,由于没有经过著者审查,而出现"体例颇为杂乱,文字亦有错讹,有些重要的著作又没有收进去"[1]等问题,1950年5月,中共中央专门成立毛泽东选集出版委员会,由毛泽东亲自主持,审阅新中国成立前内部发行或公开出版的各种毛泽东选集,重新选定篇目,补充文稿,整理文字,加写题解和注释。1953年5月出版的《毛泽东选集》(第3卷)第795—803页收录了《改造我们的学习》,在以1942年《解放日报》版为蓝本的基础上作了修改,全文一共4400余字,分为四大部分,分别用"一""二""三""四"标注,采用繁体中文、竖排的排版格式,具体情况如下。

---

[1]《毛泽东选集》(第1卷),人民出版社1953年版,第1页。

一是标点符号的修改。全文标点符号改动33处，其中包括12处插入顿号，10处删去逗号，5处句号改逗号，4处逗号改分号，2处插入双引号。多处标点符号的修改，使文章更为规范。

二是题解和注释的增加。其中所添加的题解为："这是毛泽东同志在延安干部会议上所作的报告。这篇报告和《整顿党的作风》、《反对党八股》两篇文章，是毛泽东同志关于整风运动的基本著作。在这些文章里，毛泽东同志进一步地从思想问题上总结了过去党内路线的分歧，分析了广泛存在于党内的伪装马克思列宁主义的小资产阶级思想作风，主要是主观主义的倾向，宗派主义的倾向，和作为这两种倾向的表现形式的党八股。毛泽东同志号召开展全党范围的马克思列宁主义的教育运动，即按照马克思列宁主义的四项原则整顿作风的运动。毛泽东同志的这个号召，很快地在党内和党外引起了无产阶级思想和小资产阶级思想的大论战，巩固了无产阶级思想在党内外的阵地，使广大干部在思想上大大地提高了一步，使党达到了空前的团结。"[1] 这是毛泽东亲自写的题注，介绍了《改造我们的学习》报告发表当时党内的思想背景和整风运动的缘起，方便读者理解。

---

[1] 《毛泽东选集》(第3卷)，人民出版社1953年版，第796页。

第二章 《改造我们的学习》的版本考据

此外,4处注释分别为:对"鄜县"的注释:"鄜县在延安南面约七十公里"。对"边币和法币"的注释:"'边币'是陕甘宁边区政府银行所发行的流通券。'法币'是1935年以后,国民党官僚资本四大银行依靠英美帝国主义支持所发行的纸币。毛泽东同志文中所说的,是指当时边币和法币之间所发生的兑换比价变化问题。"对"马克思所说的详细地占有材料,加以科学的分析和综合的研究"的注释:"见马克思《〈资本论〉第一卷第二版跋》。马克思在该文中说:'研究必须搜集丰富的资料,分析材料的种种发展形态,并探究这种种形态的内部关系。不先完成这种工作,则对于现实的运动,必不能有适当的叙述。'"对"斯大林所说的那样:把革命气概和实际精神结合起来"的注释:"见斯大林《论列宁主义基础》第九部分《工作作风》。"[①] 题解和注释对讲话的历史背景和理论要点的阐述,有助于读者进一步深入理解讲话内在的精神要义。

三是对表达方式的改动。这主要体现在三个方面:首先统一了全文表述,如将"马、恩、列、斯的普遍真理"统一为"马克思列宁主义的普遍真理",将"马列主义"统一为"马克思列宁主义",将部分"马、恩、

---

① 《毛泽东选集》(第3卷),人民出版社1953年版,第803页。

列、斯"的简称统一为"马克思、恩格斯、列宁、斯大林"的全称,将"找立场,找方法"统一为"找立场、找观点、找方法",等等。

其次是删去了部分表述,如删去了第一段"这是去年5月我在延安干部会上的一个讲演,现按当时讲演提纲整理发表,以供同志们讨论",删去了"许多马列主义的学者也是言必称希腊"的后半句"只会记诵马、恩、列、斯的成语",删去了"经济学教授不能解释边币法币,当然学生也不能解释"的后句"十七八岁的娃娃,教他们啃《资本论》,啃《反杜林论》",删去了"就是抽象地无目的地去研究马克思列宁主义的理论"后半句"不问它与中国革命有什么联系",删去了"第二种:马克思列宁主义的态度"的后半句"即辩证唯物论与历史唯物论的态度",删去了"是专门为了要射中国革命与东方革命这个'的'的"后半句"否则这'矢'就不过是一个徒供玩好的古董,一点什么用处也没有"等。这些删减,一方面将口语转化成书面语,将演讲语言转化成叙述语言,更加符合书面文字传递信息所要求的句子结构完整和语法规则;另一方面是删去了容易引起歧义的语句,文字表达更为精练。

最后是修改了部分表述,这方面的修改可以分为三类:第一类是关于通俗化与大众化的文字修改,如将

1942年版中"联共党史"改为《苏联共产党（布）历史简要读本》，将1942年版中"少数党员与少数同情者"改为"少数党员和少数党的同情者"。作为面向大众的读本，很多人并不知道《联共党史》为何书，将"马恩列斯"改为全称也是基于此种考虑，以明白通俗和准确的方式传递作者思想。

第二类是对容易引起歧义的文字进行修改，如将1942年版中"昨天的与前天的中国"改为"中国历史"，将1942年版中"只把兴趣放在现成的书本上"改为"只把兴趣放在脱离实际的空洞的'理论'研究上"，将1942年版中"只知背诵教条的人"改为"只知背诵马克思、恩格斯、列宁、斯大林著作中的若干词句的人"，将1942年版中"为理论而理论，为马列而马列"改为"为了单纯地学理论而去学理论"，等等，这使得文字表达更为准确与合理。

第三类是进行了一些思想性和政治性的文字修改，如将1942年版中"引证马恩列斯的成语是很会的，运用马恩列斯的立场与方法，具体地研究中国现状与中国历史，具体地分析中国革命问题与解决中国革命问题则是不会的"改为"只会片面地引用马克思、恩格斯、列宁、斯大林的个别词句，而不会运用他们的立场、观点和方法，来具体地研究中国的现状和中国的历史，具体地分析中国革命问题和解决中国革命问题",将1942年版中"从这些事实中材料中引出正确的结论"改为"在马克思列宁主义一般原理的指导下,从这些材料中引出正确的结论",将"我们走过了许多错路"改为"我们走过了许多弯路",等等。表述方式的修改,一方面使得行文更为流畅,指代更为明确,内容更为科学和严谨;另一方面也反映出著者对马克思主义、马克思主义中国化的理解是更为深入和自觉了,也是坚持马克思主义学风的具体体现。

1964年,为适应工农青年学习毛泽东著作的需要,毛泽东著作选读编辑委员会编辑出版《毛泽东著作选读(乙种本)》,其中收录了《改造我们的学习》,该版本以1953年"毛选版"为底版,采取横排简体字的排版方式,内容文字与1953年版基本相同,主要不同是为了适应工农青年知识水平的需要,又增加了7处注释,如"希腊""谆谆告诫""逻辑""谬误流传""不可等闲视之""哗众取宠""华而不实"等处都加了注释。

1981年党的十一届六中全会通过了《关于建国以来党的若干历史问题的决议》,对毛泽东的一生功绩和晚年错误作出科学评价,科学阐明了毛泽东思想。为进一步推动广大干部和青年学习毛泽东思想和毛泽东著作,中共中央文献编辑委员会于1986年编辑出版了

《毛泽东著作选读》，并在下册收录了《改造我们的学习》。这一版本以1953年《毛泽东选集》(第3卷)版为底版，在正文末添加尾注，"根据《毛泽东选集》第三卷刊印"，并将"鄜县"的注释改为"鄜县（今富县）在延安南面约八十公里"。

1991年，中共中央文献编辑委员会编辑的《毛泽东选集》(第2版)，由人民出版社出版。在第三卷收录了《改造我们的学习》。该版本在吸收新的史料收集和学术研究成果的基础上，对文章的发表时间和注释作了修改和校订。如将《改造我们的学习》的报告时间由"1941年5月"进一步明确为"1941年5月19日"。实际上早在1943年中共中央书记处编印的《两条路线》下册收录的《改造我们的学习》中，其报告时间是"一九四一年五月十九日"。在1990年，中央文献编辑委员会在编辑《毛泽东选集》时，对这一时间进行考察，发现张闻天在中共七大的发言稿中谈到"自一九四一年五月十九日毛泽东同志即在他《改造我们的学习》的报告中，公开提出了同主观主义的思想与作风进行坚决斗争的必要"[1]。这与《两条路线》相互佐证，进而1991年版本将

---

[1] 中央文献研究室科研部图书馆编：《毛泽东著作是怎样编辑出版的》，中国青年出版社2003年版，第89页。

时间明确为"一九四一年五月十九日"。

此外,1991年版还对题解有两处较大修正:一是将1953年版"伪装马克思列宁主义的小资产阶级思想作风"改为"非马克思列宁主义思想作风";二是将1953年版"很快地在党内和党外引起了无产阶级思想和小资产阶级思想的大论战"改为"很快地在中国共产党内和党外引起了怎样以从实际出发的观点而不是以教条主义的观点来对待马克思列宁主义原理,怎样使马克思列宁主义的基本原理和中国革命的实际相结合,以及怎样对待一九三一年初至一九三四年底这段时期党内两条路线的斗争这样一些重大问题的大讨论"。这两处修改对延安整风运动的性质和内容作了更为准确客观的描述。

1991年版还根据最新成果对注释进行了修改,如将"边币和法币"的注释修改为"边币是一九四一年陕甘宁边区银行所发行的纸币。法币是一九三五年以后国民党官僚资本四大银行(中央、中国、交通、中国农民)依靠英美帝国主义支持所发行的纸币。毛泽东在本文中所说的,是指当时边币和法币之间所发生的兑换比价变化问题"。将"注释三"中所引马克思的原文依据《马克思恩格斯全集》1979年译本进行了调整,"参见马克思《资本论》第一卷第二版跋。马克思在这篇跋中说:'研究必须充分地占有材料,分析它的各种发展形式，探寻这些形式的内在联系。只有这项工作完成以后，现实的运动才能适当地叙述出来。'（《马克思恩格斯全集》第23卷，人民出版社1972年版，第23页）"。"注释四"也是根据《斯大林选集》1979年译本有所调整，"参见斯大林《论列宁主义基础》第九部分《工作作风》（《斯大林选集》上卷，人民出版社1979年版，第272—275页）"。1991年版的《改造我们的学习》是目前流传最广、最为权威的版本。本书关于《改造我们的学习》的引用均以该版为准。

《改造我们的学习》历经两次较大的修改与校正，对完整、准确和科学地呈现文本内在思想具有重要意义。而对《改造我们的学习》版本的历史考据，特别是毛泽东在手稿版本上所作"请嘱同志们好好排，好好校对，同时好好拼版，保证一字不错"的批注，他亲自主持1953年版本的编辑，亲自撰写题解和注释，反复推敲和修改，展现的是一代伟人的优良作风和崇高品格。时至今日，《改造我们的学习》中所蕴含的思想要义，所提倡的理论与实践相统一的学习态度，仍然值得我们学习，具有重要现实意义。

第三章

《改造我们的学习》的主要内容

毛泽东在《改造我们的学习》报告中，从历史到现实、从理论到实践阐明了改造学习的缘由、目标和方法。毛泽东首先开门见山地指出，要对全党的学习方法和制度进行改造。为此，毛泽东强调党的历史就是一部马克思列宁主义的普遍真理与中国革命的具体实践日益结合的历史，阐明了改造学习的历史必要性。在此基础上，毛泽东揭露了目前学习中所存在的缺点，进而总结概括了学习过程中存在的两种相互对立的态度，认为改造学习的目标就是反对主观主义的态度，坚持马克思列宁主义的态度。最后毛泽东提出了推进调查研究、有组织地研究中国历史和以中国革命实际问题为中心等改造学习的基本方法。《改造我们的学习》以完整严密的逻辑结构、生动活泼的语言风格揭示了党内非马克思主义的思想作风及其根源，阐明了从实际出发对待马克思主义的基本原则，构建了马克思主义基本原理与中国实际相结合的基本范式，也是马克思主义中国化历史进程中的典范之作。

一、学习马克思列宁主义的重要性和必然性

毛泽东在《改造我们的学习》的第一部分突出阐释了为什么要学习马克思列宁主义的重要问题。毛泽东主要从三个方面来论述：一是从历史上讲，马克思列宁主义适应了近代以来救亡图存的需要，使中国革命面貌焕然一新；二是从理论上讲，马克思列宁主义是中国共产党的指导思想，中国共产党的历史就是一部坚持以马克思列宁主义基本原理指导中国具体实践的理论创新史；三是从现实来看，抗日战争以来，中国共产党以坚持马克思列宁主义研究中国跟着的具体实践，取得了一定成绩。因而，全党学习马克思列宁主义是非常必要的。

（一）历史结论：马克思列宁主义是解放我们民族的最好的武器

近代以来，随着帝国主义的入侵和腐朽封建制度的统治，中华民族坠入半殖民地半封建社会的深渊，遭受前所未有的劫难，国家蒙辱、人民蒙难、文明蒙尘。为了挽救民族危机，中国人民奋起反抗，救亡图存的探

索从未停止。从太平天国旧式农民起义,到洋务运动的"中学为体,西学为用"主张,从维新变法运动中仿效西法的君主立宪,到辛亥革命的资产阶级共和国方案,均以失败告终。不仅如此,诸如进化论、"天赋人权"说、"三权分立"说、政党政治等各种思想学说先后被介绍到中国,虽然成为反对封建主义的武器,但却不能实现民族独立和人民解放,正如毛泽东指出:"从一八四〇年的鸦片战争到一九一九年的五四运动的前夜,共计七十多年中,中国人没有什么思想武器可以抗御帝国主义"[1],中国迫切需要新的思想引领救亡图存运动,也迫切需要新的组织形态凝聚革命的力量。

毛泽东在《改造我们的学习》中指出:"但是直到第一次世界大战和俄国十月革命之后,才找到马克思列宁主义这个最好的真理。"[2] 这是近代中国有识之士探索民族复兴道路的两个重要历史关节点。第一次世界大战使"走西方的路"在中国破产,而俄国十月革命又赋予了新的曙光。

1914—1918年的第一次世界大战,是资本世界内部矛盾的集中爆发。与此同时,一战的悲惨局面以及战

---

[1]《毛泽东选集》(第4卷),人民出版社1991年版,第1514页。
[2]《毛泽东选集》(第3卷),人民出版社1991年版,第795—796页。

后西方列强对中国的所作所为，使人们对于西方社会开始进行反思，曾对西方社会充满幻想的严复，此时也指出"西国文明，自今番欧战，扫地遂尽"[1]。西方文明展示出祛魅化效应，"怀疑产生了，增长了，发展了"[2]，中国社会迅速掀起了反思资本主义社会的思潮。这些反思主要包括三个方面：一是立足现代文明，由"竞争"转向"互助"。在反思一战爆发的原因时，有人认为西方文明过多强调进化论，主张一种排他性的伪道德的政治秩序，需要以国家间的互助取代竞争。张东荪认为人类文明自有历史以来经历了三种文明形态，分别为："习惯与迷信的文明"，这是"宗教的文明"；"自由与竞争的文明"，这是"个人主义与国家主义的文明"；"互助与协同的文明"，这是"社会主义与世界主义的文明"，而欧战"譬如春雨，第三种文明的萌芽经了这春雨，自然茁壮起来"。[3] 蔡元培也认为，"现今欧战的结果，就给互助主义增了最大的证据"，并主张"合全世界实行互助的主义"，[4] 打破军国主义，消弭战争的风险。

二是坚持中华文明的主体性，提倡中西交融。在反

---

[1]《严复全集》(第8卷)，福建教育出版社2014年版，第364页。
[2]《毛泽东选集》(第4卷)，人民出版社1991年版，第1470页。
[3] 东荪：《第三种文明》，《解放与改造》1919年第1、2期。
[4]《蔡元培全集》(第3卷)，中华书局1984年版，第204页。

思西方社会的过程中,引发了东西文明的比较,有人开始注重中国文明内在的秉性,主张"以东济西"。如杜亚泉就认为,西方文明为"动的文明",中国文明为"静的文明",欧战使"西洋文明","露显著之破绽","吾国固有之文明,正足以救西洋文明之弊,济西洋文明之穷者"[1],认为东西文明之间的差距是性质上的区别,但可以相互调和。与此同一时期,陈独秀对东西文明也进行了比较,认为东西民族根本思想"若南北之不相并,水火之不相容也","断断不可调和迁就",而要革新"国是",则"一切都应该采用西洋的新法子,不必拿什么国粹,什么国情的鬼话来捣乱"[2],将东西文明视为新旧与古今的差异。李大钊则一方面接纳了以"动静"之分对待东西文明的理念,也主张文明的调和,但另一方面主张的是"以西济东",认为东西文明并非是截然对立的,要实现民族的复兴,还是要在坚持中华文明主体性的基础上,"竭力以受西洋文明之特长,以济吾静止文明之穷,而立东西文明调和之基础"[3],在这一点上又与陈独秀有相似之处。

三是重视中华传统,主张文化复古。在欧战之前,

---

[1] 伧父:《静的文明与动的文明》,《东方杂志》1916年第10期。
[2]《陈独秀文集》(第1卷),人民出版社2013年版,第308页。
[3]《李大钊全集》(第2卷),人民出版社2013年版,第313页。

以西方为单一范式的现代化道路，使得很多人为了现代而忽视传统。但是，欧战所爆发出来的资本主义文明内在缺陷，又为复古的主张提供了依据。如章士钊就认为，"旧者，根基也，不有旧决不有新，不善于保旧，决不能迎新"①，崇尚传统之于新文明发展的积极意义。梁启超也认为要重新拾起昔日的中国文化，"把自己的文化综合起来，还拿别人的补助他，叫他起一种化合作用，成了一个新文化系统"②。但梁漱溟对此提出了质疑，认为"将东西文化调和融通，另开一种局面作为世界的新文化，只能算是迷离含混的希望"③，也提出了"批判的把中国原来态度拿出来"的复古情结。

俄国十月革命的爆发，给中国提供了一个异于西方道路的方案，就是走俄国人的路，走社会主义道路，这样就跳出了在资本主义世界体系下救亡图存的路径依赖。李大钊首先扛起了十月社会主义革命旗帜，指出十月革命是"二十世纪中世界革命的先声"，是"世界的新文明之曙光"，带来了"新生活、新文明、新世界"。④到了五四运动，国人目睹帝国主义列强肆意出卖中国利

---

① 《章士钊全集》（第4卷），文汇出版社2000年版，第114页。
② 梁启超：《欧游心影录》，商务印书馆2014年版，第51页。
③ 梁漱溟：《东西文化及其哲学》，商务印书馆2010年版，第22页。
④ 《李大钊全集》（第2卷），人民出版社2013年版，第332页。

益，对西方列强更是失望透顶。如巴黎和会之前，美国总统威尔逊提出"民族自决"的主张，认为"对于殖民地之处置，须推心置腹，以绝对的公道为判断"和"殖民地人民之公意"[1]，这得到当时国人的热烈拥护，陈独秀当时称其为"第一大好人"。但巴黎和会中，威尔逊对日本的妥协，最终暴露出其真正意图，这使陈独秀清醒认识到"巴黎的和会，各国都重在本国的权利，什么公理，什么永久和平，什么威尔逊总统十四条宣言，都成了一文不值的空话"[2]，不再将其视为"救世主"。自此之后，研究和宣传马克思主义成为当时进步思想界的主流。也正是有了马克思主义，中华民族逐渐开始摆脱亦步亦趋照搬西方而受制于人的被动困境，走向主动创造自己新道路的历史征程，将前进的命运牢牢掌握在自己手中，中国人在精神上就由被动转为主动。

在反复的推求比较中，早期中国共产党人选择了马克思主义，并以此为指导，特别是按照列宁主义的建党原则创建了中国共产党，并在开展工农运动的过程中，重新将人民群众组织起来，凝聚起了群众力量，改变了一盘散沙的局面。所以，只有马克思列宁主义，才能够

---

[1]《国际关系史资料选编（上册）》（第一分册），武汉大学出版社1983年版，第384页。
[2]《陈独秀文集》（第1卷），人民出版社2013年版，第461页。

真正解决当时中国的问题,实现民族独立和人民解放。

马克思列宁主义之所以能够解决当时的中国问题,是因为当时有识之士的探索迫切需要跳出资本主义的窠臼,需要选择一种全新的思想与方案,是因为马克思列宁主义契合了当时中国人民对民族独立和人民解放的需求,并在改造世界的实践中同中国人民发生了联系,为中国人民所掌握,正如毛泽东指出:"任何思想,如果不和客观的实际的事物相联系,如果没有客观存在的需要,如果不为人民群众所掌握,即使是最好的东西,即使是马克思列宁主义,也是不起作用的。"[1]中国共产党人找到"这个武器",并非是将其作为一种纯粹学问去研究,而是将其作为救亡图存的理论指导,就是要运用马克思列宁主义的立场、观点和方法去观察和解决中国革命的理论问题和策略问题,从中找出规律,作为行动指南。就此而言,中国共产党是马克思列宁主义的忠实倡导者、宣传者和组织者。

---

[1]《毛泽东选集》(第4卷),人民出版社1991年版,第1515页。

（二）理论发展：中国共产党的历史就是推动马克思主义普遍真理与中国具体实际相结合的历史

中国共产党是马克思主义与中国工人运动相结合的产物，推动马克思主义不断与中国实际相结合始终是贯穿中国共产党历史的一条主线。在《改造我们的学习》中，毛泽东明确指出："中国共产党的二十年，就是马克思列宁主义的普遍真理和中国革命的具体实践日益结合的二十年。"[1]毛泽东之所以提出这一历史论断，既是为整篇讲话立论，同时也是对中国共产党历史发展事实的深刻提炼。

在创建中国共产党的过程中，早期中国共产党人就是在与各种非马克思主义思想的坚决斗争中，推动了马克思主义与中国革命实践相结合，维护了党的思想纯洁。瞿秋白在《社会主义运动在中国》中，对马克思主义运动史和党的创建史作了梳理，指出"为了阐明党的宗旨、原则和策略，为了把无政府主义分子从组织中清除出去，共产党员们认为有必要在一九二一年三月召开各组织的代表会议，以这次会议的名义发表了关于

---

[1]《毛泽东选集》(第3卷)，人民出版社1991年版，第795页。

第三章 《改造我们的学习》的主要内容

共产党人的宗旨和原则的宣言"[1]。这次与无政府主义思潮的斗争，影响范围较广，许多深受无政府主义思潮影响的青年知识分子，经过论争转向接受马克思主义，投入宣传马克思主义，并在与工人群众的结合中，投身创建中国共产党早期组织的行动之中。

中国共产党自成立之日起，就将马克思主义作为指导思想，党的二大更是指出，"我们共产党，不是'知识者所组织的马克思学会'也不是'少数共产主义者离开群众之空想的革命团体'"[2]，坚持以马克思列宁主义为理论分析工具，进一步厘清中国社会现实处境，提出了反帝反封建的革命任务，形成了对中国社会的初步认识，开启了马克思主义中国化进程。

但正如毛泽东在《改造我们的学习》中指出的："我党在幼年时期，我们对于马克思列宁主义的认识和对于中国革命的认识是何等肤浅，何等贫乏。"[3]"幼年"的表现，一方面是指党成立早期，另一方面则是指对理论和实践认识的肤浅和贫乏，存在机械搬用理论教条和实

---

[1]《瞿秋白文集：政治理论编》（第1卷），人民出版社2013年版，第294页。
[2]《中共中央文件选集（1921—1925）》（第1册），中共中央党校出版社1989年版，第90页。
[3]《毛泽东选集》（第3卷），人民出版社1991年版，第795—796页。

践经验的状况。在建党初期，中国共产党将主要精力放在领导工人运动上，但是对工人阶级同帝国主义和封建军阀之间日益激化的矛盾分析不足，对反动军阀政府的力量估计不够，导致早期工人运动走向失败。此后，党意识到仅仅依靠自身的孤军奋战，是不可能取得革命胜利，必须同其他民主力量合作，尔后与国民党建立国民革命联合战线，开始了轰轰烈烈的国民大革命。而在与国民党合作中，党内又存在右倾机会主义，主张放弃革命领导权，只要联合不要斗争，在面对蒋介石发动反革命政变时步步退让，最终导致大革命的惨败。毛泽东后来也指出，"这时的党终究还是幼年的党"，没有足够丰富的实践经验，更没有充分的理论准备，还是一个"对于中国的历史状况和社会状况、中国革命的特点、中国革命的规律都懂得不多的党，是对于马克思列宁主义的理论和中国革命的实践还没有完整的、统一的了解的党"[1]。大革命虽然失败，但也使中国共产党人认识到只有解决了党的领导、统一战线和武装斗争的基本问题，中国革命才能够继续发展并最终取得胜利。

土地革命战争时期，虽然党意识到武装斗争的重要性，也发动了一系列武装起义，但面对着敌人残暴的屠

---

[1]《毛泽东选集》（第2卷），人民出版社1991年版，第610页。

杀，党内滋生近乎拼命的冲动，而罔顾革命的客观环境，"左"倾情绪逐步蔓延起来。1927年10月，中共中央发出《中国共产党、中国共产主义青年团反对军阀战争宣言》。宣言充满盲动情绪，号召"我们应当使这种军阀战争变成劳动民众反对一切军阀地主豪绅资产阶级的革命战争，变成反对一切压迫剥削以及帝国主义战争。我们要一下子消灭一切军阀的战争"①。当时党内认为革命高潮已经到来，要努力发动群众，才能形成全国总暴动的局面，最终酿成只要斗争，不要联合，实行关门主义的"左"倾盲动错误。

经过艰苦努力，随着农村革命根据地的开辟和发展，加之国内军阀混战，中国革命形势逐渐好转。此间，1929年10月共产国际先后向中共中央发出指示，认为"中国进到了深刻的全国危机的时期"，要求中国共产党应该"准备群众，去实行革命的推翻地主资产阶级联盟的政权"，并特别强调"最正确的最重要的，日益生长的高潮的象征，还是工人运动的复兴"。②共产国际指示激发了党内"左"倾急性病，1930年2月26

---

①《中共中央文件选集（1927）》（第3册），中共中央党校出版社1989年版，第391页。
②《中共中央文件选集（1929）》（第5册），中共中央党校出版社1990年版，第795页。

日，中共中央在《目前政治形势与党的中心策略》中强调"目前全国危机是在日益深入，而革命浪潮是在日益开展"，党的中心策略是"集中力量积极进攻，确定组织工人政治罢工，组织地方暴动，组织兵变，扩大红军"①。而随着国民党与新军阀间中原大战的爆发，也使得党内一些领导人对革命形势作了乐观的估计。6月11日，中共中央通过了《目前政治任务的决议》(即《新的革命高潮与一省或几省首先胜利》)，指出"中国革命有首先爆发，掀起全世界的大革命，全世界最后的阶级决战到来的可能"，认为"争取一省与几省首先胜利，无产阶级的伟大斗争，是决定胜负的力量，没有工人阶级的罢工高潮，没有中心城市的武装暴动，决不能有一省与几省的胜利"。②这样，"左"倾冒险错误在党内取得统治地位。

1930年9月，党的扩大的六届三中全会，纠正了"左"倾冒险错误。但此后，由于共产国际的直接干预，党内又产生了"左"倾教条主义的严重错误。1931年10月，共产国际执行委员会远东局书记米夫直接干预

---

① 《中共中央文件选集（1930）》(第6册)，中共中央党校出版社1989年版，第28页。
② 《中共中央文件选集（1930）》(第6册)，中共中央党校出版社1989年版，第123页。

党内事务，要求召开扩大的六届四中全会，要求改变中央领导，贯彻共产国际路线。在米夫的支持下，王明实际上掌握了中共中央的领导权。从这时起，以王明为代表的"左"倾教条主义在党内领导机关开始了4年的统治。

土地革命战争时期党内不断出现"左"的错误，主要是由于自"八七会议"以来党内"左"倾情绪仍未得到认真清理，在对马克思主义理论和中国革命实际仍缺乏完整统一的理解的思想情况下，在共产国际错误指导的政治情况下，以教条主义为特征的"左"倾错误具有很大的迷惑性，也使得党内许多人并没有意识到错误和危害之处。这从侧面反映了党在幼年时期的特点。这种特点就是对什么是马克思主义，怎样对待马克思主义这一理论问题缺乏认识，是由思想上的错误导致行动上的失败，而并非仅仅是由于工作上的失败。正如刘少奇后来指出："中国党有一极大的弱点，这个弱点，就是党在思想上、理论上的修养是不够的，是比较幼稚的。因此，中国党过去的屡次失败，都是指导上幼稚与错误而引起全党或重要部分的失败，而并不是工作上的失败。"[①]"左"倾教条主义错误给中国革命造成严重危害，

---

① 《刘少奇选集》（上卷），人民出版社1981年版，第220页。

使中国革命形势又一次陷入低谷，中国共产党再次面临极端危险境地。

中国共产党在探索中国革命道路的过程中，虽然期间发生各种曲折与错误，但在此期间，毛泽东通过在总结井冈山斗争和根据地实践经验基础上发表了《中国的红色政权为什么能够存在？》《井冈山的斗争》《关于纠正党内的错误思想》《星星之火，可以燎原》《反对本本主义》《必须注意经济工作》《怎样分析农村阶级》《关心群众生活，注意工作方法》等文章，探索把马克思主义基本原理与中国革命具体实际相结合，在实践中开辟了一条不同于俄国革命道路的，即"农村包围城市，武装夺取政权"的中国式革命道路。特别是针对党内存在的教条主义倾向，毛泽东在《反对本本主义》中指出，"马克思主义的'本本'是要学习的，但是必须同我国的实际情况相结合。我们需要'本本'，但是一定要纠正脱离实际情况的本本主义"[1]，并提出"没有调查，没有发言权"，"中国革命斗争的胜利要靠中国同志了解中国情况"等重要论断。但这些正确的意见和观点，并没有为党内所接受，反倒被讥讽为"山沟里出不了马列主义"，是否定马克思主义的"狭隘经验论"。直至遵义会议，

---

[1]《毛泽东选集》（第1卷），人民出版社1991年版，第111—112页。

开始确立以毛泽东同志为主要代表的马克思主义正确路线在中共中央的领导地位，开启了党独立自主解决中国革命实际问题新阶段。

（三）现实需要：我党根据马克思列宁主义的普遍真理研究抗日战争的具体实践取得了进步

在中国革命最为困难和黑暗的时候，中国共产党及其所领导的革命队伍，仍然坚持革命、要奋斗。但是在革命的主观热情下，一部分领导人犯了全局性的严重错误，其根源就在于没有能够将马克思列宁主义的普遍真理与中国革命的具体实践联系起来。毛泽东指出："党还只有十五年历史，马克思主义的理论与实际的传统还不十分深厚，解决问题还不能样样带马克思主义原则性。"[①] 为此，红军长征到达陕北后，中共中央着力总结历史经验，加强理论学习和研究，澄清思想认识，推动马克思主义与中国实际相结合。

1.总结历史经验，促成抗日民族统一战线

1935年12月，毛泽东就在《论反对日本帝国主义的策略》中总结了以往革命失败的经验，特别是大革命

---

① 《毛泽东文集》（第1卷），人民出版社1993年版，第508页。

的失败原因，认为"一九二七年革命的失败，主要的原因就是由于共产党内的机会主义路线，不努力扩大自己的队伍，而只依仗其暂时的同盟者国民党"，提出要适应新的革命形势，建立抗日民族统一战线，强调共产党在其中的领导地位，指出，"共产党人现在已经不是小孩子了，他们能够善处自己，又能够善处同盟者"，[1]并系统阐明了党在政治策略上的各种问题。

1936年12月，毛泽东在《中国革命战争的战略问题》中从军事方面总结了马克思主义中国化的经验教训，分析了"左"倾错误的阶级根源，认为"我们的眼力不够，应该借助于望远镜和显微镜。马克思主义的方法就是政治上军事上的望远镜和显微镜"[2]，指出经济政治发展不平衡的半殖民中国，在经历了大革命和土地革命之后，中国的革命战争是持久的，战争形式主要是"围剿"和反"围剿"、进攻和防御的长期反复。

从1927年到1937年全民族抗战爆发前夕，中国共产党经历了两次严峻的考验：一次是大革命的失败，一次是第五次反"围剿"的失败。这两次失败分别使党在白区和苏区的力量遭到严重的削弱。1937年5月，中共

---

[1]《毛泽东选集》(第1卷)，人民出版社1991年版，第156—157页。
[2]《毛泽东选集》(第1卷)，人民出版社1991年版，第212页。

中央也先后召开了党的苏区代表会议和白区代表会议，进一步总结这一段时期历史经验，特别是对党内存在的关门主义、宗派主义和冒险主义的传统倾向进行了深刻剖析，提出要指导伟大的革命，就要克服关门主义，发展壮大党员，使干部和群众领袖"懂得马克思列宁主义，有政治远见，有工作能力，富于牺牲精神，能独立解决问题，在困难中不动摇"[①]，进一步明确了党在抗战时期的任务。

2.进行理论研究，推动实践基础上的理论创新

1937年夏，毛泽东写就了《实践论》《矛盾论》两本哲学著作，从马克思主义认识论、辩证法的高度，总结了中国革命经验，揭露和批判了党内的主观主义特别是教条主义的错误，强调"我们现在的哲学研究工作，应当以扫除教条主义思想为主要的目标"[②]。毛泽东在《实践论》和《矛盾论》中指出，机会主义和冒险主义都是以主观与客观相分裂，思想与实际相脱节，认识与实践相剥离为主要特质的，"他们的思想不能随变化了的客观情况而前进，在历史上表现为右倾机会主义"[③]，不仅如此，"中国的教条主义和经验主义的同志们所以犯错误，

[①]《毛泽东选集》(第1卷)，人民出版社1991年版，第277页。
[②]《毛泽东选集》(第1卷)，人民出版社1991年版，第299页。
[③]《毛泽东选集》(第1卷)，人民出版社1991年版，第295页。

就是因为他们看事物的方法是主观的、片面的和表面的"①，因而也就是主观主义地看待事物。这样，毛泽东就开始从政治路线、军事路线和思想路线清理了党内错误思想认识，从思想理论上武装了中国共产党人。

1937年8月，中共中央召开政治局扩大会议（即洛川会议），会议通过了《中共中央关于目前形势与党的任务的决定》和《中国共产党抗日救国十大纲领》，强调必须坚持统一战线中无产阶级的领导权，在敌后战场要放手发动群众，等等。这是在全面抗战爆发的历史转折关头召开的重要会议，指明了抗战的正确方向。而随着全面抗战的爆发，"亡国论"和"速胜论"的错误观点具有较大影响，而在抗日阵营中也有持持久战的观点，但是对持久战的理解各有不同，对此以毛泽东为代表的共产党人进行了全面系统的论述。

1938年5月，毛泽东全面系统总结了全民族抗战十个月的经验，作了《论持久战》的长篇讲演。毛泽东在《论持久战》中坚持以唯物主义辩证法作为观察分析事物的工具，坚持从实际出发，全面客观地考察了抗日战争的发生背景和战争进程，以矛盾分析法对敌我双方存在的相互矛盾及其发展演化作了分析，进而科学地

---

① 《毛泽东选集》（第1卷），人民出版社1991年版，第313页。

预见抗日战争将经过战略防御、战略相持和战略反攻的三个阶段，在战争形式上表现为运动战、阵地战和游击战，认为兵民是胜利之本，"战争的伟力之最深厚的根源，存在于民众之中"①。《论持久战》是坚持以马克思列宁主义普遍真理研究抗日战争的典范之作，毛泽东之所以能够写就《论持久战》，一方面源于他在长期革命战争中积累的丰富实践经验，另一方面也源于其深厚的理论素养，注重将理论与实际相结合，正如其后来指出的，"有了学问，好比站在山上，可以看到很远很多的东西；没有学问，如在暗沟里走路，摸索不着，那会苦煞人"②。《论持久战》的问世，在党内外引起强烈反响，"毛泽东《论持久战》刚发表，周恩来就把它的基本精神向白崇禧作了介绍。白崇禧深为赞赏，认为这是克敌制胜的最高战略方针。后来白崇禧又把它向蒋介石转述，蒋也十分赞成。在蒋介石的支持下，白崇禧把《论持久战》的精神归纳成两句话：'积小胜为大胜，以空间换时间。'并取得了周公的同意，由军事委员会通令全国，作为抗日战争中的战略指导思想。"③在党内，

---

① 《毛泽东选集》(第2卷)，人民出版社1991年版，第511页。
② 《毛泽东年谱（1893—1949）》(中册)，中央文献出版社2013年版，第109页。
③ 程思远：《我的回忆》，华艺出版社1994年版，第131页。

1941年10月陈云在中央书记处工作会议上谈道:"过去我认为毛泽东在军事上很行,因为长征中遵义会议后的行动方针是毛泽东出的主意。毛泽东写出《论持久战》后,我了解到毛泽东在政治上也是很行的。"[1]1943年11月,任弼时在中央高级学习组会议上进行总结和自我批评时指出,"一九三八年到莫斯科及回国后,阅读了毛泽东的《论持久战》《新民主主义论》《论革命战争的战略问题》,又看到毛泽东在处理国共关系、领导整风运动以及对各种政策之掌握,对毛泽东则完全'爱戴佩服',而且'认识到他一贯正确是由于坚定的立场和正确的思想方法'"[2]。可以说,《论持久战》确立了毛泽东在全党的理论威望。

3.澄清思想认识,纠正党内右倾错误

虽然自抗日战争以来,中共中央就提出必须坚持独立自主的统一战线,但这一原则并未被全党所充分理解,"许多党员的缺乏北伐战争时期两党合作的经验,党内小资产阶级成分的大量存在",就有了在"统一战线中迁就国民党的无原则倾向的存在",[3]这也对实际统

---
[1]《陈云年谱》(上卷),中央文献出版社2000年版,第328页。
[2]《任弼时年谱(1904—1950)》,中央文献出版社2014年版,第453页。
[3]《毛泽东选集》(第2卷),人民出版社1991年版,第392页。

一战线工作产生了不良影响。

更为复杂的是1937年11月底,中共驻共产国际代表、共产国际执委王明从苏联回到延安,这位"从昆仑山上下来的神仙",并未带来"喜从天降"的消息,反而是提出了一系列的右倾错误观点。如在政治上,过分强调在统一战线中的联合,王明在1937年12月的中央政治局会议(也称"十二月会议")上提出了"一切经过统一战线""一切服从统一战线"的主张,批评了洛川会议上通过的在国共合作中坚持独立自主的方针,否认了党在抗战中争夺领导权的重要意义。毛泽东在后来的扩大的六届六中全会上就指出,"一切经过统一战线"是不对的,他说:"我们提这个口号,如果是要求国民党'一切'都要'经过'我们同意,是做不到的,滑稽的。如果想把我们所要做的'一切'均事先取得国民党同意,那末,它不同意怎么办?"[1]所以,王明的这个主张是自缚手脚,影响了独立自主原则的贯彻。

在军事上,王明轻视党领导的游击战争的作用,提出要建立"统一的国家军队",实行"统一指挥""统一编制""统一武装""统一纪律""统一待遇""统一作战计划"和"统一作战行动",不仅如此,王明继续将工作

---

[1]《毛泽东选集》(第2卷),人民出版社1991年版,第539—540页。

重点放在大城市和国民党的上层关系上,这些主张未能使党在这一时期在华中敌后开展抗日游击战争和建立抗日根据地。

在组织上,王明不尊重、不服从以毛泽东为核心的中央领导,他以传达共产国际和斯大林指示为"尚方宝剑",以"钦差大臣"自居,这就使当时党内许多人对他产生盲目信赖,一时也不能明辨是非,毛泽东后来谈道:"十二月会议我是孤立的,我只对持久战、游击战为主、统一战线中独立自主原则是坚持到底的。"[1]王明的这些错误观点也受到了毛泽东等中央领导人的坚决抵制。

1938年9月,从苏联回国的王稼祥在政治局会议上传达了共产国际的指示和季米特洛夫的意见。共产国际认为,"中共的政治路线是正确的,中共在复杂的环境及困难条件下真正运用了马列主义",并特别强调党内团结问题,指出"在领导机关中要在毛泽东为首的领导下解决,领导机关中要有亲密团结的空气"[2]。这样就为坚持党的全面抗战路线,较快纠正王明的右倾错误创造了有利条件,也为党的扩大的六届六中全会的召开作了

---

[1]《毛泽东年谱(1893—1949)》(中册),中央文献出版社2013年版,第480页。
[2]《建党以来重要文献选编(1921—1949)》(第15册),中央文献出版社2011年版,第556页。

第三章 《改造我们的学习》的主要内容

重要准备。

为了解决党内一度出现的右倾错误，澄清对党在抗日战争新阶段的方针和任务的认识，统一全党思想和步调，1938年9月29日到11月6日，党在延安召开了扩大的六届六中全会。会议的中心议题是毛泽东所作的《论新阶段》的政治报告。毛泽东首次提出了"马克思主义中国化"的命题，强调了学习的重要性，提出中国共产党人推动理论发展的三个任务：一是必须着重解决普遍地深入地研究马克思列宁主义的理论的任务；二是学习我们的历史遗产，用马克思主义的方法给以批判的总结的任务；三是必须时刻注意研究当前运动的情况和趋势。在报告中，毛泽东实际上是提炼出了马克思主义中国化的基本路径，即学习和运用马克思主义，总结历史，研究现状，只有这样才能推动马克思主义中国化。

鉴于张国焘分裂党和红军的行径，和王明不尊重党中央，闹独立性的行为，全会重申了党的纪律，即个人服从组织，少数服从多数，下级服从上级，全党服从中央，并强调全党团结的重要性，指出"中国共产党内部的团结，是团结全国人民争取抗日胜利和建设新中国的最基本的条件"[①]。党的扩大的六届六中全会分析了抗日

---

① 《毛泽东选集》（第2卷），人民出版社1991年版，第535页。

战争进入抗日民族统一战线的新阶段，规定了党的历史任务，纠正了王明的右倾错误，进一步巩固了毛泽东在全党的领导地位，确保了全党的步调一致。后来毛泽东在党的七大上指出，"六中全会是决定中国之命运的。六中全会以前虽然有些著作，如《论持久战》，但是如果没有共产国际指示，六中全会还是很难解决问题的"①。扩大的六届六中全会之后，党的理论创新发展进入一个自觉阶段。

1939年末和1940年初，为进一步将中国革命丰富的实际经验理论化，回答中国向何处去的重大历史问题，以更好指导抗日战争和中国革命，毛泽东先后发表了《〈共产党人〉发刊词》《中国革命和中国共产党》和《新民主主义论》等重要理论著作，全面系统地总结了中国共产党和中国革命的历史经验，凝练概括出中国共产党在中国革命战胜敌人的"三大法宝"，即统一战线、武装斗争和党的建设。并对中国革命的性质、对象、任务、动力、战略、领导权和前途等基本问题进行了系统阐述，这些都构成了内容全面、结构严谨的新民主主义理论体系。这些成果的取得就是在总结革命经验的基础上形成的，毛泽东后来在1962年1月的"七千人大会"

---

① 《毛泽东文集》(第3卷)，人民出版社1996年版，第425页。

上谈道,"在抗日战争前夜和抗日战争时期,我写了一些论文,例如《中国革命战争的战略问题》、《论持久战》、《新民主主义论》、《〈共产党人〉发刊词》,替中央起草过一些关于政策、策略的文件,都是革命经验的总结",这些只有经过了革命的大风大浪,经过两次胜利与两次失败的比较,经过认识的反复,才能把握客观世界,"这时候,中国民主革命这个必然王国才被我们认识,我们才有了自由"。[1]新民主主义理论的系统阐明,也标志着毛泽东思想趋于成熟,增强了中国共产党人开展革命实践的自觉性。

总之,马克思列宁主义的普遍真理不仅是实现民族独立和人民解放的理论武器,同时也是中国共产党的立党之本。在坚持马克思列宁主义普遍真理指导中国革命实际的过程中,在经历实践的曲折中,中国共产党人更加深刻地认识到理论与实际相结合的重要性,进而也就有了抗日战争以来党的理论创造。近代以来中国的历史进程,中国共产党的理论探索和研究抗日战争的现实需要,历史逻辑、理论逻辑和现实逻辑的交织,都指向了全党学习马克思列宁主义的重要性和必要性。

---

[1]《毛泽东文集》(第8卷),人民出版社1999年版,第299—300页。

二、学习运动中存在的缺点和问题

毛泽东在《改造我们的学习》第二部分突出强调的是为什么要改造学习的问题，在他看来学习运动开展以来，存在着三个方面的缺点和问题，即"不注重研究现状，不注重研究历史，不注重马克思列宁主义的应用"，认为"这些都是极坏的作风。这种作风传播出去，害了我们的许多同志"。① 这些缺点和问题如果不改造，不纠正，就不能继续推进马克思主义中国化的伟大事业。

（一）不注重研究现状

马克思主义就是在批判资本主义社会的现实问题中诞生的，现实性是马克思主义的重要理论特质。理论与实际相结合，首先需要在理论指导下去了解实际，把握现实。研究现状说到底就是认识世界的问题。毛泽东首先是肯定了我们党对现状的研究取得了一定成绩，其次是指出对现状研究没有形成整体性认识和系统性方法，

---

① 《毛泽东选集》（第3卷），人民出版社1991年版，第797页。

最后指出要以马克思列宁主义作风去研究现状。

如何把握现实、认识世界。马克思主义经典作家为我们作出了表率。如马克思在批判资本主义社会过程中,特别是为研究资本主义社会运行规律,收集了大量的材料,20多年,几乎每天都到大英博物馆研读相关文献与材料,他曾说自己是"一架注定贪婪读书的机器",也曾写信感叹,"从早晨9点到晚上7点,我通常是在英国博物馆里。我正在研究的材料头绪繁多,虽然竭尽一切力量,还是不能在6—8个星期之内结束这一工作"[①]。在这一期间,马克思读了2000余部书籍,其中有800多本著作在《资本论》中引用过,收集了4000余种报纸杂志,作了200余本笔记,完成了《资本论》。恩格斯为了解工人阶级在资本主义制度下的生活状况,用了近2年的时间,深入工人住宅区进行实地调查,亲自了解英国工人阶级的劳动和生活状况,同时广泛收集和仔细研究所能看到的各种官方文件和资料,写就了《英国工人阶级状况》,论述了工人阶级在资本主义制度下的社会地位、斗争历程和历史使命。19世纪末20世纪初,资本主义的发展从自由竞争进入垄断阶段,即帝国主义阶段。如何认识帝国主义本质、战争与革命的关

---

① 《马克思恩格斯全集》(第48卷),人民出版社2007年版,第300页。

系，如何制定帝国主义时代无产阶级革命斗争战略，成为国际共产主义运动的迫切问题，为此，列宁收集了大量的书籍、论文、统计资料和报刊资料，这些参考资料涉及当时主要资本主义国家，如英、美、德、日、法等国家，涵盖了政治、经济、文化、历史等多个领域，体现了不同阶级立场的研究成果，包含了德、法、英等语种书籍和期刊。列宁也指出，说明第一次世界大战的内在真实阶级性质，就是"对所有交战大国统治阶级的客观情况的分析。为了说明这种客观情况，应当利用的，不是一些例子和个别的材料（社会生活现象极其复杂，随时都可以找到任何数量的例子或个别的材料来证实任何一个论点），而必须是关于所有交战大国和全世界的经济生活基础的材料的总和"，所以参考和使用的必须是"驳不倒的综合材料"。[1] 马克思、恩格斯、列宁研究现状的方法给毛泽东以深刻的启发，所以他在《改造我们的学习》中就强调"马克思、恩格斯、列宁、斯大林教导我们认真地研究情况，从客观的真实的情况出发，而不是从主观的愿望出发"，将立论放在对现实科学分析的基础之上。

毛泽东认为，"要了解情况，唯一的方法是向社会作

---

[1]《列宁选集》（第2卷），人民出版社2012年版，第578页。

调查,调查社会各阶级的生动情况"①。这也是他能够把握实际,认识现实更深刻的"秘诀"所在。早在学生时代,毛泽东就与同学一起"游学"一个月,行程九百余里,考察了沿途的城乡社会各阶层的真实情况,认为"吾人如果要在现今的世界稍为尽一点力,当然脱不开'中国'这个地盘。关于这地盘内的情形,似不可不加以实地的调查,及研究"②。在大革命时期,为了回应当时党内外对于农民革命斗争的责难,特别是国民党指责农民运动"过火",毛泽东到湖南作了32天的考察工作,写了《湖南农民运动考察报告》,在后来毛泽东谈道:"以我调查后看来,也并不都是像他们所说的'过火',而是必然的,必需的。因为农民太痛苦了。我看受几千年压迫的农民,翻过身来,有点'过火'是不可免的。"③在土地革命时期,为解决政权建设和土地革命等问题,毛泽东先后多次开展调查研究,形成了《中国佃农生活举例》《寻乌调查》《兴国调查》《东塘等处调查》《木口村调查》《赣西南土地分配情形》《分青和出租问题》《江西土地斗争中的错误》《分田后的富农问题》《两个初期的土地法》《长冈乡调查》《才溪乡调查》等调查报告,这些是

---

① 《毛泽东选集》(第3卷),人民出版社1991年版,第789页。
② 《毛泽东早期文稿》,湖南人民出版社2013年版,第428页。
③ 《毛泽东文集》(第2卷),人民出版社1993年版,第379页。

毛泽东认识和把握中国实际的重要材料。即便在被讥讽为"狭隘经验论",毛泽东仍然执着于调查研究的科学方法,依然认为没有调查就不可能有发言权。

抗战以来,国内外环境和形势复杂多变,需要更进一步研究实际的发展变化,制定符合实际斗争需要的方针政策,特别是党的扩大的六届六中全会提出"马克思主义中国化"的命题,力图扭转党内重理论轻实际的传统,党内也比以往更加注重研究具体实际问题。1938年4月,张闻天在陕北公学讲演谈到青年的修养时,认为了解具体情况是首要的修养,指出"你们将来从学校毕业之后,你们到一个地方去工作,你们的责任决不是到那里去照你们自己的头脑中所想的来乱干一顿,而是要首先了解当时当地的具体情况,比如那里的抗战形势,那里的政治与经济,各阶级、各阶层、各党派、各民众团体以及党、政、军、民间的相互关系等。没有这种了解,我们就无法决定正确的工作方针与工作计划来实现自己的理想"[①]。1937年10月,为了推动全党开展调查研究,毛泽东准备将在土地革命时期的农村调查结集出版,以供党内参考。1938年3月,毛泽东在抗大第三期第三大队毕业典礼上指出,要在当时当地的具体环境

---

① 《张闻天选集》,人民出版社1985年版,第173页。

中去了解,并强调,"社会是学校,一切在工作中学习。学习的书有两种:有字的讲义是书,社会上的一切也是书——'无字天书'"①,指出要先当群众的"学生",向他们了解情况,调查清楚,然后再说话,再当"老师",制定方针政策。

为了解世情、国情和敌情,1938年底,毛泽东主持成立了延安时事问题研究会,主要任务就是组织研究和讨论当时一切重要的时事问题,陆续编纂了关于国际、中国、日本等三方面时事问题材料的《时事问题丛书》,分为"国际问题""沦陷区问题""抗战的中国问题""日本问题"等四个方面,其中"抗战的中国问题"一共是出版了五种图书,包括《"九一八"事变以来国内政治形势的演变》《抗战中的中国经济》《抗战中的中国政治》《抗战中的中国军事》《抗战中的中国文化教育》;"日本问题"出版了《战争中的日本帝国主义》;"沦陷区问题"出版了《日本在沦陷区》;"国际问题"出版了《世界资本主义总危机中的经济状况》。毛泽东指出,"这样系统地研究时事问题,并为一切抗战干部们供给材料,实在是必要与重要的了。'瞎子摸鱼',闭起眼睛瞎

---

①《毛泽东年谱(1893—1949)》(中册),中央文献出版社2013年版,第58页。

说一顿,这种作风,是应该废弃了"①。但是这些资料的来源是国内公开出版的书籍、报纸和杂志,诸如《世界知识》《战时日本》《星岛日报》等,是需要进一步加工,并从中引出结论的,毛泽东也并不满足于此,进一步强调,"这一类的时事问题丛书,仅仅是材料书,它是重要的材料,但仅仅是材料,而且还是不完全的材料,问题是没有解决的。要解决问题就须要研究,须要从材料中引出结论,这是另外一种工作,而在这类书里面是没有解决的"②。《改造我们的学习》中指出,虽然对现状研究取得一定成绩,但是研究并没有成为系统化。

随着全民族抗战的爆发,中国共产党也特别注重党员干部的时事教育。1937年8月,军委总政治部下发《关于新阶段的部队政治工作的决定》认为,加强时事教育,是提高党员质量的重要举措,强调"对时事问题的分析与革命的前途,使每个党员的政治水平高过于非党群众,在思想发展上保持党的模范作用"③,并要求干部必须阅读并讨论党刊《解放》的重要论文和时事述评。1940年3月,《中央关于在职干部教育的指示》中

---

① 《毛泽东文集》(第2卷),人民出版社1993年版,第248页。
② 《毛泽东文集》(第2卷),人民出版社1993年版,第249页。
③ 《中共中央文件选集(1936—1938)》(第11册),中共中央党校出版社1991年版,第306页。

要求,"时事问题为一切在职干部必须经常研究的课目(党报为主要材料)"。为深入推进时事教育,中央宣传部下发了《关于加强干部策略教育的指示》,将策略教育纳入正式教育计划,并将党中央的宣言、决议、决定及其他关于策略的指示;中央领导同志的讲演、报告和论文;党报及其"文摘"中关于党的政策的重要文章;中央宣传部将要发布的政治情报;当地高级党部关于策略的批示及策略经验的总结,作为策略教育的教材,作为党员干部把握实际情况的材料。[1]但在干部学习中仍然存在"轻视策略学习、轻视时事政治研究"的现象,为此,中共中央宣传部在《关于提高延安在职干部教育质量的决定》中强调,在成绩考查中把时事政治和策略教育列为重要标准之一。这些为广大党员干部研究现状、把握现实提供了有利条件。

但是,无论是现实材料的收集,还是加强党员干部时事问题和策略的教育,都没能使党内形成关于现状的系统的研究和认知。毛泽东在党的扩大的六届六中全会的报告中也指出了这个问题,"直到今天,我们还没有懂得日本帝国主义的全部,也还没有懂得中国的全部。

---

[1] 《中共中央文件选集(1939—1940)》第12册,中共中央党校出版社1991年版,第451页。

运动在发展中，又有新的东西在前头，新东西是层出不穷的。研究这个运动的全面及其发展，是我们要时刻注意的大课题"①。只有立足于实际的学习和研究，才能够克服学习运动中的主观主义倾向。

（二）不注重研究历史

中华民族历来注重历史，历史研究也是一门显学，清代史学家章学诚指出，"六经皆史也"。梁启超更是认为，"中国于各种学问中，惟史学为最发达；史学在世界各国中，惟中国为最发达"②，在古代士人看来，历史是国家、民族安身立命的根本，"天地间无非史而已"。作为深受中国传统文化浸染的中国共产党人也具有浓厚的历史意识，毛泽东也指出，"如果要看前途，一定要看历史"③。《改造我们的学习》中也指出有少数党员和少数党的同情者曾经进行了研究历史的工作，这一工作主要围绕着中国共产党的历史和中国历史等方面展开，但是有组织地研究历史，专门史研究对于当时的中国共产党而言是缺乏的。

---

① 《毛泽东文集》(第2卷)，人民出版社1993年版，第534页。
② 梁启超：《中国历史研究法》，人民出版社2008年版，第9页。
③ 《毛泽东文集》(第8卷)，人民出版社1999年版，第383页。

就党的历史研究而言，在中国共产党诞生前夕，早期中国共产党人就萌生了党史意识。1921年6月，瞿秋白、张太雷两人为出席共产国际第三次代表大会所撰写的《社会主义运动在中国》《致共产国际第三次代表大会的书面报告》中就对中国的马克思主义运动史和党的创建史作了梳理。中国共产党成立之后，蔡和森、瞿秋白、李立三、张闻天等就着手从不同角度总结党的历史，以期为现实的斗争服务。

1926年，蔡和森作了《中国共产党史的发展》的报告，指出"要知道中国革命及我党要如何发展及其发展的道路如何，故须明白我党的历史"[①]，蔡和森认为虽然党的历史较短，但其中经历的斗争内容远比西欧的一些无产阶级政党要丰富和精彩，这也是非常值得去研究的。1927年"八七会议"之后，蔡和森又作了《党的机会主义史》的报告，全面回顾了党内思想、路线斗争的历史，对大革命失败的教训进行了全面系统的总结，强调要以"八年以来中国革命之丰富的经验与教训，建立中国无产阶级列宁党的自己的理论，成为真正布尔什维克的组织"[②]，提出了要建立中国共产党自己的马克思主

---

① 《蔡和森文集》(下)，人民出版社2013年版，第786页。
② 《蔡和森文集》(下)，人民出版社2013年版，第916页。

义理论的主张。

1929年冬至1930年春,瞿秋白在莫斯科列宁学院作了题为《中国共产党历史概论》的报告,开展了比较系统的党史研究。瞿秋白在报告中肯定了党史研究的意义,分析了党诞生的历史背景和客观条件,特别是辛亥革命、五四运动以及中国问题与帝国主义时代等对中国共产党成立的远近因分析,这也是较早的更为全面地研究了中国共产党诞生的历史必然性,同时也厘清了党从创建到1929年历史发展的基本脉络,对重要历史事件、会议和方针政策进行了科学的论述,也收集和提供了宝贵的党史资料。

1930年2月,在国内主持中央工作的李立三作了《党史报告》,强调了中国共产党是近代中国社会矛盾运动的产物,而不是"舶来品",指出"十月革命仅仅是中国党的催生药,决不能说中国党是由于十月革命所产生,中国党的产生是在于中国本身经济基础和阶级关系上"[1],并进一步认为只有了解党的历史,特别是研究党的发展历程中的成败经验,才能够把握党的发展前景和社会发展规律。这一时期的党史研究指导思想不够明确,对一些问题的论证不够严谨,叙述多是从历史事件

---

[1]《中共党史报告选编》,中共中央党校出版社1982年版,第206页。

展开，方式比较单一。

到抗日战争时期，围绕着党史的各个侧面和不同时期出现了一些党史论著和文章。如《解放》周刊于1938年7月开设的《中国共产党十七周年纪念特辑》，收录了张闻天的《中国共产党十七周年纪念》，林伯渠的《伟大的七月》和陈伯达的《我们继续历史的事业前进》。此外，解放社为进一步推动党史研究，特别是中国革命经验与教训研究公开征集中共历史文献，包括"历来中共中央及各省组织所发表的重要文件及刊行的党报和书籍，以及中共党人关于中国革命问题的各种著作"①。关于党史的论著主要有王稼祥的《中国共产党与革命战争》，在这篇文章中王稼祥开始把党的发展过程解释为马克思列宁主义的普遍原理与中国革命实际相结合的过程，认为中国共产党领导革命斗争的过程，所形成的关于武装斗争和革命战争的成就，是"因为它能够把马克思列宁主义与中国的实际环境联系起来的结果"②，这些研究虽然强调了以马克思主义为指导，但呈现出碎片化的倾向，还没有形成整体性系统性的研究。

毛泽东的《中国共产党在民族战争中的地位》《战争

---

① 《解放社为征集中共历史文献启示》，《解放》1938年第33、34期。
② 《王稼祥选集》，人民出版社1989年版，第276页。

和战略问题》《〈共产党人〉发刊词》《新民主主义论》中均有关于中国共产党历史的相关论述,有从党内思想斗争的角度,得出"十七年来,我们的党,一般地已经学会了使用马克思列宁主义的思想斗争的武器";也有从党的浴血奋斗的角度,指出中国共产党在十七年的斗争中造就了坚强的治党治国治军的骨干,"这是无数先烈的热血浇灌出来的革命的鲜花,不但是中国共产党和中国人民的光荣,而且是世界共产党和世界人民的光荣";也有从党的建设的角度,认为党的历史就是不断加强自身建设的历史,就是党的布尔什维克化的过程,等等。这些论述为党史的研究提供了新的方向,但这类研究在当时是比较缺乏的,很多人"对于自己的历史一点不懂,或懂得甚少,不以为耻,反以为荣"[1],这也需要进一步在党内开展党史教育。

为了服务于侵略战争的需要,日本法西斯反动文人鼓吹"中华文明外来"说,大肆渲染"侵略有利健康"论等法西斯史学观点。与此同时,国内一些人歪曲中国历史,美化西方文明,散布全盘西化主张,也有为维护国民党反动统治,盛赞中国古代社会伦理道德,宣传只有国民党和三民主义能够救中国,宣扬封建主义和法西

---

[1]《毛泽东选集》(第3卷),人民出版社1991年版,第798页。

斯主义，推崇复古主义。这些形形色色的史学主张，严重干扰了团结抗日。对此，马克思主义者展开了针锋相对的斗争，坚持唯物史观为指导，开展中国历史的研究。

1894年，法裔英国人拉克伯里在其著作《中国上古文明西源说》中认为中华文明与古巴比伦文明在天文历法、科技发明、语言文字、政治制度和历史传说具有相似性，并提出中华文明是源自两河流域的古巴比伦文明，而汉族是在公元前2282年前后从西亚迁移过来的谬论。受聘于北洋政府农商部矿物顾问的瑞典人安特生，先后在辽宁沙锅屯、河南仰韶村和甘肃洮沙等地进行考古，于1923年写就《中华远古之文化》一文，认为仰韶文化可能是从西方经中亚传入中国的，为拉克伯里的"西来"说做考古佐证，在当时中国知识界产生了很大影响。

到抗日战争时期，日本帝国主义为侵略辩护，也极力鼓吹这一论调，以此抹杀中华文明悠久的历史遗迹。对此，国内马克思主义学者予以坚决回应，特别是尹达。在20世纪30年代初，尹达就参加中国学者组织的考古发掘工作，为中国远古文化的研究提供了大量可靠的考古资料。全面抗日战争爆发后，尹达来到延安参加革命，逐步成长为颇具影响力的中国史前史专家，并着力批判了"中华文明外来"说，先后发表了《龙山文化与仰韶文化之分析》（1937年），《中国新石器时代》（1939年）以及《中华民族及其文化之起源》（1940年）等文章，以翔实的资料、充分的论证指出"中华民族和其他文化是在中国这块广大的土地上发荣滋长起来的，并不是由其他处移植过来的东西"[1]。这也是对各种"外来"说的系统清算，自此，为侵略中国张目而来的"中华文明外来"说走向破产，销声匿迹。

在抗日战争后，日本法西斯文人秋泽修二散布中国社会"停滞性"的谬论，认为这种"停滞性"造成了封建王朝的循环反复，只有外力才能够打破这种循环反复，进一步鼓吹"皇军的武力"是打破"停滞性"的根本途径。对此，吕振羽、李达、华岗和吴泽等人撰文对秋泽修二的观点进行批判，如吕振羽发表的《关于中国社会史的诸问题》（1940年）、《"亚细亚的生产方法"与所谓中国社会的"停滞性"问题》（1940年）、《日本法西斯蒂的中国历史观批判》（1940年），李达发表的《中国社会发展迟滞的原因》（1941年），华岗发表的《评侵略主义者的中国历史观》（1940年），吴泽发表的《中国社会历史是停滞倒退的么》（1940年），等等。这些学者

---

[1] 尹达：《中华民族及其文化之起源》，《中国文化》1940年第5期。

对中国社会"停滞论""循环论"以及外因决定论进行了批判，认为"这不但没有半点史的唯物论的气味，完全不符合世界史（中国史在内）发展的具体事实，而且是一种最拙劣的最无耻的法西斯侵略主义的理论歪曲"①，揭露了日本帝国主义法西斯史观的真实面目，对于动员全民族抗战起到了宣传教育的作用。

1939年冬，毛泽东和几位在延安的同志合作撰写了《中国革命和中国共产党》，坚持以历史唯物主义为指导，分析了古代中国自周秦以来封建社会的矛盾及特点，揭示了近代以来中国半殖民地半封建的社会性质和主要矛盾，阐明了中国革命的对象、任务、动力、性质和前途等问题，奠定了中国马克思主义史学的基础。中国共产党在这一时期的中国历史的研究都是在回应对历史问题的抹黑与篡改中所形成的，是一种被动的防御式研究。而对于近代以来中国的经济史、政治史、军事史和文化史，党内并没有人进行系统研究。

此外，国内一些学者也秉持"全盘西化"，认为中国"百事不如人"，主张要全面向西方学习，全盘西化才能够摆脱困境，是抗战救国的唯一出路，认为"我们相信全盘西化不只可以持久抵抗我们的敌人，而且可以

---

① 吕振羽：《关于中国社会史的诸问题》，《理论与现实》1940年第1期。

建设一个强有力的国家"①。在这种主张下,向西方的学习不再带有反思,认为自己所学的东西天然是真理,而对本国的历史和传统采取"全盘否定"的态度。对此,毛泽东强调,"全盘西化"是一种"错误的观点",对外来的先进文化,需要学习和吸收,但是对一切国外的文化,"如同我们对于食物一样,必须经过自己的口腔咀嚼和胃肠运动,送进唾液胃液肠液,把它分解为精华和糟粕两部分,然后排泄其糟粕,吸收其精华,才能对我们的身体有益,决不能生吞活剥地毫无批判地吸收"②。对此,毛泽东进一步指出,我们不应该割断历史,要注重挖掘本民族的优良传统。

不论是对自身历史的研究,还是对中国历史的学习,在当时中国共产党党内都是非常缺乏的。这与近代以来的学习风气有关,近代以来,中国的先进分子在探索救亡道路的过程中,开启了漫长的向西方学习的道路,从器物之变,到技术之变,到制度之变,再到思想之变,"那时,求进步的中国人,只要是西方的新道理,什么书也看。向日本、英国、美国、法国、德国派遣留学生之多,达到了惊人的程度"③,但是在学习过程中只

---

① 陈序经:《抗战时期的西化问题》,《今日评论》1941年第3期。
② 《毛泽东文集》(第2卷),人民出版社1993年版,第707页。
③ 《毛泽东选集》(第4卷),人民出版社1991年版,第1469页。

是关注国外，忽视具体的国情，在指导实践中经常碰壁，毛泽东在《改造我们的学习》中指出，"他们从欧美日本回来，只知生吞活剥地谈外国。他们起了留声机的作用，忘记了自己认识新鲜事物和创造新鲜事物的责任"[1]。这种风气也传到了党内，从建党初期的"全盘俄化"，到革命实践时把苏联经验和共产国际指示神圣化，中国共产党早期的革命实践遭受了不少波折，并一度陷入绝境。只有深入研究历史，才能深刻理解现实，只有深入研究历史才能够把握哪些是须臾不可抛弃的优秀传统，进一步推动马克思主义与中国实际的结合，与中华优秀传统文化的结合。

（三）不注重马克思列宁主义的应用

党中央到达延安后，高度重视理论学习，并把理论学习作为克服党内错误思想的重要手段，毛泽东就指出，"要克服'左'的传统，在于普及与深入马克思主义的方法论（唯物辩证法）于多数干部中"[2]。随后全党开展了学习运动，其中学习马克思主义经典著作是重要

---

[1]《毛泽东选集》(第3卷)，人民出版社1991年版，第798页。
[2]《毛泽东文集》(第1卷)，人民出版社1993年版，第510页。

内容。1938年10月,毛泽东指出,"指导一个伟大的革命运动的政党,如果没有革命理论,没有历史知识,没有对于实际运动的深刻的了解,要取得胜利是不可能的"①。全党开展普遍深入的马克思列宁主义理论学习,是一个亟待解决并须着重致力才能够解决的大问题。虽然学习运动使广大党员干部的理论认知有了一定提升,但是仍存在着学习了消化不了,消化了运用不了,理论与实际相分离的普遍现象。为适应抗战形势的变化,党需要提升理论水平和素养。

重视马克思列宁主义理论的学习,是中国共产党的优良传统。1937年10月,毛泽东在写作《目前抗战形势与党的任务报告提纲》中,提出要"加强党内的马列主义的教育,理论与实际的一致"②。毛泽东在这一时期读了大量的马克思列宁主义原著和相关论著,包括《资本论》《社会主义从空想到科学的发展》《列宁选集》《国家与革命》《理论与策略》《论列宁主义基础》《论列宁主义的几个问题》《马克思恩格斯列宁斯大林论艺术》《唯物主义与经验批判主义》《关于辩证法的笔记》等。在这些著作中,毛泽东留下了大量的批语。其中1936年11

---

① 《毛泽东选集》(第2卷),人民出版社1991年版,第533页。
② 《毛泽东文集》(第2卷),人民出版社1993年版,第60页。

月到1937年4月，毛泽东精读了李达、雷仲坚翻译西洛可夫和爱森堡等著的《辩证法唯物论教程》三四遍，写了约一万二千字的批注，这些批注的特点：一是"紧密联系中国革命实际"，二是"注意对党内错误路线的批判"，三是"用成语、典故、民谚等来解释马克思主义哲学基本观点"，四是"对原著的观点有重要的概括和发挥"[1]。可以看出，毛泽东读书和学习，并不是一味读死书，而是更加注重理论与实际的联系与结合。

毛泽东不仅自己研读马克思列宁主义著作，也组织了中央其他同志一起阅读。1936年9月11日，毛泽东针对李富春等人提议建立流动图书馆一事，致信彭德怀、刘晓、李富春，"同意富春办法，组织流动图书馆"，并指示"明日即开始寄第一次书十本，先交富春，停三天转寄彭刘，停一星期"，要求"各同志务须按时寄回，以免散失。以后将一星期或十天寄一次"[2]，以此带动党内同志一起读马列。在他的带动下，延安成立了一批理论研究会和学习小组，如1938年6月，毛泽东亲自组织成立的延安新哲学会，成员有毛泽东、艾思奇、何思敬等人，每周活动一次，地点就在毛泽东

---

[1]《毛泽东年谱（1893—1949）》（上册），中央文献出版社2013年版，第617页。
[2]《毛泽东书信选集》，中央文献出版社2003年版，第52页。

的窑洞里，据当时在毛泽东身边工作的郭化若回忆："每星期三晚上，便有七八个人在毛主席的办公室，围着一支蜡烛，漫谈马列主义哲学。会由毛主席主持，每次事先指定一个中心发言人，准备好发言提纲，首先发言，然后大家发表意见。"[1]新哲学会对于促进辩证唯物主义与历史唯物主义的运用，推进马克思主义理论研究产生了积极影响。1940年6月，毛泽东在出席延安新哲学会第一届年会时也强调，"理论这件事是很重要的，中国革命有了许多年，但理论活动仍很落后，这是大缺憾。要知道革命如不提高革命理论，革命胜利是不可能的。过去我们注意的太不够，今后应加紧理论研究"[2]。毛泽东不仅带头学理论，而且亲自带头讲理论。这一时期，毛泽东多次到抗日军政大学、陕北公学、马列学院讲授马列主义，特别是马列主义哲学。如《实践论》和《矛盾论》就是毛泽东为抗大授课而写的讲稿。据统计毛泽东仅从1938年到1939年这一年的时间里，就到抗大授课26次。毛泽东生动幽默、深入浅出的讲课风格，朴素鲜活的话语形式，深受学员欢迎，党内理论研究的氛围越来越浓厚。

---

[1] 郭化若：《郭化若回忆录》，军事科学出版社1995年版，第128页。
[2]《毛泽东年谱（1893—1949）》(中册)，中央文献出版社2013年版，第194页。

在毛泽东的倡导和带动下,中央许多领导同志都积极参加了各种学习活动。中组部、中宣部都带头成立了学习小组。陈云领导的中组部六人学哲学小组,从1938年到1942年坚持了5年,中组部许多工作人员列席旁听,"当时陈云提出'读本本书',就是每周规定读几十页,然后组织讨论,提出问题,还专门聘请教员帮助指导学习。有时也组织学院进行试讲,并逐页进行质疑。坚持首先要弄通理论原则,然后提出问题,号召把各种意见和问题都提出来,组织大家进行热烈地自由争论,最后大家在讨论中取得统一认识"[1]。张闻天在中宣部也成立了学习小组,指导员艾思奇,参加学习的有朱德、李维汉、徐特立等,后来中央文委、中央办公厅等机关人员也都参与进来,扩大成为一百多人的学习集体。1940年6月,通过学习运动总结大会评选出中央各部门的"学习模范小组",甲类组共8组,如洛甫小组,陈云小组,马列学院小组,中央党校小组等;乙类组共21组,如中央秘书处文科小组,敌区工作委员会小组,中央宣传教育部小组、抗大合作社第一小组;丙类组共10组,如中央秘书处、职工委员会,留守处机要科,边区

---

[1] 王宏谟:《忆延安》,陕西人民出版社1991年版,第91页。

党校等[①]。在延安参加学习的达到4000多人，不仅包括陕甘宁边区在内的各抗日根据地，从基层干部到中央领导干部，几乎全都参加了学习。

为满足党内日益增长的理论学习需要，1938年8月，中共中央成立马列学院编译部，主要任务就是编译"马恩丛书"和《列宁选集》。1938年至1940年延安解放社陆续出版了"马恩丛书"，如吴黎平重译的《社会主义从空想到科学的发展》，第一次将德文第四版的改动反映出来，并收入了1882年德文第一版、1891年德文第四版和1892年英文版的三篇序言；成仿吾、徐冰翻译的《共产党宣言》，是中国人第一次在德文原著基础上翻译的版本；张闻天、吴黎平合译的《法兰西内战》；何锡麟、王石巍（即王实味）翻译的《政治经济学论丛》；柯柏年、艾思奇、景林合译的《马恩通信选集》；王石巍、柯柏年合译的《德国的革命与反革命》；何思敬、徐冰合译的《哥达纲领批判》；柯柏年译的《法兰西阶级斗争》，是该文本最早的中译本；等等。马列学院编译部完成的第二大成果是《列宁选集》（共20卷），包括《国家与革命》《共产主义运动中的"左"派幼稚病》，此外还有《斯大林选集》。这些马列经典著作

[①]《那些是学习模范小组？》，《新中华报》1940年6月11日。

的翻译出版，满足了人们理论学习的需要。当时有人描述道，在延安城里，"特别引我注目的，是有许多书店。学生和红军的战士们，正挤在柜台前购买马克思主义经典著作的普及版"[1]。这些经典原著的翻译出版为推动全党理论学习打下了坚持基础。

领导干部的带头示范和经典原著的翻译出版，马克思主义理论教育开始在广大党员干部中铺展开来。1939年8月，中央政治局通过《关于巩固党的决定》，指出"巩固党的中心一环，就是加强党内马克思列宁主义的教育"[2]。1940年2月，中央在《关于办理党校的指示》中特别要求，"各级党校的基本任务是在以马列主义的理论与实际来教育干部，而来校干部的基本任务也就是学习"[3]。1940年，中央先后下发关于党员干部教育的七个指示性文件，初步建立了党内理论学习的制度和方法，推动了马列主义的学习运动，也提高了马克思主义中国化程度的实效。

但是在理论的学习中，特别是在干部学校教育中，

---

[1] [德]王安娜：《中国—我的第二故乡》，李良健、李步贤译，生活·读书·新知三联书店1980年版，第154—155页。
[2]《中共中央文件选集（1939—1940）》（第12册），中共中央党校出版社1991年版，第157页。
[3]《中共中央文件选集（1939—1940）》（第12册），中共中央党校出版社1991年版，第301页。

《改造我们的学习》研读

存在着教条主义倾向,"目前延安干部学校的基本缺点,在于理论与实际、所学与所用的脱节,存在着主观主义与教条主义的严重的毛病。这种毛病,主要表现在使学生学习一大堆马列主义的抽象原则,而不注意或几乎不注意领会其实质及如何应用于具体的中国环境"[1]。如在马列学院,李维汉后来回忆:"那时教学工作存在一些缺点和问题,主要是马列主义基础理论的教学中有教条主义,不懂得如何使马列主义普遍真理与中国革命具体实践相结合,出现单纯地为学理论而学理论,学用脱节的现象。"[2]邓力群也指出当时的延安马列学院存在的重大问题就是没有能够从思想路线的高度来厘清理论与实际的关系,在听取了毛泽东《改造我们的学习》的报告后,也没有理解其讲话的矛头指向哪里,"以我来说,认为中央的领导同志,毫无疑问是有修养的马克思主义理论家;毛主席批评的对象,主要是我们这些二十几岁、没有做过多少实际工作的毛头小伙子,最多也只是包括一些马列学院的教员在内",所以"那时所理解的理论联系实际,是以为听了报告学了文件,就可以解决

---

[1]《中共中央文件选集(1941—1942)》(第13册),中共中央党校出版社1991年版,第257页。
[2]《中共党史资料》(第8辑),中共党史资料出版社1983年版,第14页。

理论联系实际的问题了"。①

当时的中央党校也是如此,在实际讲授中,部分教员对党的政策"照本宣科","望文生义","讲课讲条条,考试考条条,学员背条条"。正如毛泽东在《改造我们的学习》中指出的,"在学校的教育中,在在职干部的教育中,教哲学的不引导学生研究中国革命的逻辑,教经济学的不引导学生研究中国经济的特点,教政治学的不引导学生研究中国革命的策略,教军事学的不引导学生研究适合中国特点的战略和战术,诸如此类。其结果,谬种流传,误人不浅。在延安学了,到富县就不能应用。经济学教授不能解释边币和法币,当然学生也不能解释"②。

王明任校长的中国女子大学,更是成为教条主义的重灾区。据回忆,"当时,王明还是以共产国际的'钦差大臣'自居,经常口若悬河、哗众取宠作报告,很能迷惑一些青年。当时,鲁迅艺术学院就常有一些学生,从桥儿沟跑很远的路到女大去听王明的报告,听完报告回家天都快亮了,有个别人甚至还叫出'王明万岁'来"③。当时延安流行的顺口溜:"王明的理论,博

---

① 邓力群:《邓力群自述(1915—1974)》,人民出版社2015年版,第64页。
②《毛泽东选集》(第3卷),人民出版社1991年版,第798页。
③《回忆陈郁同志》,工人出版社1982年版,第53页。

古的口才，周恩来的风度，毛泽东的实际"，王明被公认为是党内的理论家。有人回忆指出，"王明还凭借其对马列原典的熟稔在延安各机关、学校广作报告。在当年的延安知识分子中'王明同志'是一个令人敬仰的名字，其受尊敬的程度和'毛主席'不相上下。口若悬河的王明，作起报告来条理清晰，出口成章，几个小时的报告可以不要讲稿。报告完毕，'再从头到尾归纳一遍，一二三四大项，下边又分甲乙……再分，大家对照记录竟能丝毫不错'，有时一席演讲，竟受到数十次掌声的欢迎。王明的'口才'和'理论水平'赢得了延安广大青年知识分子的尊崇，人们普遍认为王明是'天才'，被公认为是'活马列主义'"①。

在这种风气下，许多党员特别是刚来到延安的知识青年，以为只要学了马列主义经典著作就能够指导革命，认为只有书本上的知识才算知识。他们认为的理论家就是阅读马列主义原著最多的人，没有实际经验没关系，只要学好马列主义理论，就能够成为理论家。而"理论与实际联系"，被理解为只要一边学好经典著作，一边学好书本上的实际知识，就是理论联系实际了。这

---

① 吴介民主编：《延安马列学院回忆录》，中国社会科学出版社1991年版，第112页。

使得一些青年学生，抱着经典著作硬读，不愿深入实际生活之中。在《改造我们的学习》中，毛泽东就特别批评了这一现象，指出"十七八岁的娃娃，教他们啃《资本论》，啃《反杜林论》。这样一来，就在许多学生中造成了一种反常心理，对中国问题反而无兴趣，对党的指示反而不重视，他们一心向往的，就是他们从先生那里学来的据说是万古不变的教条"①。这种从理论到理论，从概念到概念的学习方法，无助于现实问题的解决，也是违背了马列主义的基本原则。

这种脱离实际的抽象理论学习，虽然提高了党的理论水平，但理论的运用远远不够。"我们还没有各种问题的专家，对于许多实际问题不能下笔。延安的学校是一种概论学校，缺乏实际政策的教育。过去我们只教理论，没有教会如何运用理论，就像只教斧头本身，而没有教会如何使用斧头去做桌子。延安研究哲学是空洞的研究，不研究中国革命的内容与形式，不研究中国革命的本质与现象。"②改造学习，改造干部教育和学校教育，改造党内教学方法与思想方法的主观主义和形式主义迫在眉睫。

---

① 毛泽东：《改造我们的学习》，《解放日报》1941年9月6日。
②《毛泽东年谱（1893—1949）》(中册)，中央文献出版社2013年版，第324页。

三、理论和实际统一的马克思列宁主义的作风

在分析了党内学习存在的三种极坏的作风后,毛泽东进一步提炼了学习中两种对立的态度,即主观主义的态度和马克思列宁主义的态度,认为党内存在的学风问题是教条主义和经验主义的表现,本质上是主观主义的问题,是思想路线的问题。而要克服主观主义,就是要坚持理论联系实际,坚持实事求是的态度。正是从对两种学风的对比中,党找到了改造我们学习的思想根源,就是要树立理论和实际统一的马克思列宁主义的作风。

(一)主观主义的态度

反对主观主义整顿学风,是延安整风运动的重要内容。在《改造我们的学习》中,毛泽东主要揭示了学习运动中主观主义的三种态度,这三种态度就是不关注现状、不研究历史,抽象学习马克思列宁主义理论的教条主义态度,并剖析了由教条主义造成的错误理解,如把兴趣放在脱离实际的空洞的"理论"研究上、把感想当

政策、忽视了客观事物的存在等。

毛泽东反对的主观主义,是在实际工作中,在处理现实问题时只注重主观想象,不顾客观实际,单凭书本或经验,无视客观规律,是主观与客观相分裂,认识和实践相脱离的唯心主义,"主观主义就是不从客观实际出发,不从现实可能性出发,而是从主观愿望出发"①。主观主义有教条主义和经验主义两种形态,毛泽东认为教条主义的危害更大,危险更大,"因为教条主义容易装出马克思主义的面孔,吓唬工农干部,把他们俘虏起来,充作自己的用人,而工农干部不易识破他们;也可以吓唬天真烂漫的青年,把他们充当俘虏"②。所以,毛泽东在《改造我们的学习》中更多的是批判教条主义。

主观主义之所以产生,一是与客观的复杂性密切相关,"认识世界,不是一件容易的事"③。客观事物是普遍联系和不断发展变化的,对客观事物本质的认识,既需要把握其内部与外部的联系,也需要把握其发展的阶段性特征,仅仅借助理论分析无法获得全面深刻的认识,更需要作继续不断的深入实际的调查研究,才能够不断地认识新事物,获得新知识。近代中国社会的发展异常

---

① 《毛泽东文集》(第7卷),人民出版社1999年版,第90页。
② 《毛泽东选集》(第3卷),人民出版社1991年版,第819页。
③ 《毛泽东文集》(第2卷),人民出版社1993年版,第378页。

丰富和复杂，阶级构成庞杂，传统与现代，国内与国外，革命与反动各种思想、力量相互交错和不断演变。所以对中国革命的认识也是不断发展变化的，"我们的老爷之所以是主观主义者，就是因为他们的一切革命图样，不论是大的和小的，总的和分的，都不根据于客观实际和不符合于客观实际。他们只有一个改造世界或改造中国或改造华北或改造城市的主观愿望，而没有一个像样的图样，他们的图样不是科学的，而是主观随意的，是一塌糊涂的"[1]。客观实际的错综复杂且不断发展变化，决定了认识客观实际，也需要经历一个由不完全到更完全、不明确到更明确，不深入到更深入的过程，同时还要根据客观实际的变化而变化。

二是与认识的复杂性密切相关。列宁指出，"人的认识不是直线（也就是说，不是沿着直线进行的），而是无限地近似于一串圆圈、近似于螺旋的曲线。这一曲线的任何一个片断、碎片、小段都能被变成（被片面地变成）独立的完整的直线，而这条直线能把人们（如果只见树木不见森林的话）引到泥坑里去，引到僧侣主义那里去（在那里统治阶级的阶级利益就会把它巩固起来）。直线性和片面性，死板和僵化，主观主义和主观

---

[1]《毛泽东文集》(第2卷)，人民出版社1993年版，第344页。

盲目性就是唯心主义的认识论根源"①。人的认识总是经过"实践—认识—再实践—再认识"的循环往复的过程。认识的每一个阶段都需要克服片面性，如在获得感性认识阶段，认识来源于实践，但人不能事事都亲自去实践，因而大多数认识是来自"科学的抽象"的间接经验，如书本上的知识。主观主义者在获得认识的过程中，缺乏感性直观的直接经验，过分依赖书本上的间接经验，而且并没有将这些知识运用到实际生活当中，接受实践的检验。在理性认识指导社会实践的阶段，即把握事物发展规律性指导现实实践的阶段，需要在实践中证明其认识的真理性，但主观主义者只会以现成材料作机械的指导。

此外，认识的主体还受到客观历史条件的制约，恩格斯指出，"我们只能在我们时代的条件下去认识，而且这些条件达到什么程度，我们就认识到什么程度"②。认识是有限的，人们对客观事物的认识脱离不开具体的历史社会环境，党内主观主义的产生也是与当时社会环境有着密切关联，毛泽东就分析了主观主义产生的社会历史根源，认为"中国是一个小资产阶级成分极其广

---

① 《列宁选集》（第2卷），人民出版社2012年版，第560页。
② 《马克思恩格斯文集》（第9卷），人民出版社2009年版，第494页。

大的国家，我们党是处在这个广大阶级的包围中，我们又有很大数量的党员是出身于这个阶级的，他们都不免或长或短地拖着一条小资产阶级的尾巴进党来。小资产阶级革命分子的狂热性和片面性，如果不加以节制，不加以改造，就很容易产生主观主义"[1]。所以，主观主义的产生有其特定主客观根源，反对主观主义是一个长期的过程，毛泽东指出，"主观主义永远都会有，一万年，一万万年，只要人类不毁灭，总是有的"[2]。但这并不意味着主观主义不可以被克服，这需要培养实事求是的作风和态度。

党内主观主义，特别是教条主义的存在，给党的事业带来了严重的损害，毛泽东后来反思道："过去，在民主革命中，我们受主观主义的害时间很长，受了很大的惩罚，根据地差不多丧失干净，革命力量丧失百分之九十以上，一直到这个时候我们才开始觉悟。"[3]这其中以王明"左"倾教条主义持续之间最长，危害程度最大。他们以主观片面和表面的方法看待事物，容易产生冒险主义的行动；他们对党内不同的意见，采取残酷斗争、无情打击的措施，建立宗派主义在党内的统治；他

---

[1]《毛泽东选集》(第3卷)，人民出版社1991年版，第833页。
[2]《毛泽东文集》(第7卷)，人民出版社1999年版，第90页。
[3]《毛泽东文集》(第7卷)，人民出版社1999年版，第90页。

们起草的决议和文章，空洞无物，不是从实际出发，具体问题具体分析，而是搬用教条，装腔作势，以威吓同志。

但为什么王明"左"倾教条主义能够在党内造成这样大的影响而迟迟无法纠正？陆定一后来指出，"反对王明路线，比起反对其他错误路线来更为困难。因为（一）他们有共产国际的米夫作为靠山，而在当时，中国党对共产国际有迷信，以为共产国际的任何决定都是正确的。共产国际相信王明宗派，那么王明宗派也一定是正确的。（二）他们言必称马列，在马列主义词句的掩护下干错误的事情。当时，中国党还没有这种理论水平，不能分别马列主义的词句中哪些是适合中国情况的，哪些是不适合中国情况的，所以就受到他们的欺蒙。（三）他们亦是反对帝国主义，反对地主资产阶级，主张土地革命的。所以就很难看出有什么路线的分歧"[1]。所以，即使毛泽东在《改造我们的学习》中提出党内存在"主观主义的态度"时，党内仍是反应平平，宣传部门也没有报道，好像什么事情都没有发生。这也使得毛泽东进一步意识到问题的严重性。

毛泽东在《改造我们的学习》中对主观主义的学习

---

[1]《陆定一文集》(上卷)，人民出版社1992年版，第6页。

《改造我们的学习》研读

态度进行了三个方面的揭露：一是"唯我"的，从主观热情出发去工作的态度。这种态度，"就是对周围环境不作系统的周密的研究，单凭主观热情去工作，对于中国今天的面目若明若暗"。这种态度就是沉醉于自己片面狭隘的经验，将自己的经验理解为"实际"，"自以为是，老子天下第一"，固守过去的成功经验，认为其也适应于当前已经变化了的实际，认为过去能行，今天也行，以旧地图寻找新大陆，因而"他们拒绝对于具体事物做任何艰苦的研究工作，他们把一般真理看成是凭空出现的东西，把它变成人们所不能够捉摸的纯粹抽象的公式，完全否认了并且颠倒了这个人类认识真理的正常秩序"，[1]并且以此作为衡量其他一切事物的标准，空有革命的主观愿望，而与革命实际渐行渐远。

二是"唯他"的，尊崇国外革命经验，割断自己历史的态度。这种态度"就是割断历史，只懂得希腊，不懂得中国，对于中国昨天和前天的面目漆黑一团"。这种态度，就是将其他国家革命成功的经验，不加甄别、批判和转化，盲目用于指导中国革命，盲目地照抄照搬，"我们有些同志有一个毛病，就是一切以外国为中心，作留声机，机械地生吞活剥地把外国的东西搬到中

---

[1]《毛泽东选集》(第1卷)，人民出版社1991年版，第310页。

国来，不研究中国的特点"。① 这突出表现在将苏联革命经验神圣化，"钦差大臣满天飞"，毛泽东曾指出，"教条主义者说苏联一切都对，不把苏联的经验同中国的实际相结合"。对于王明的问题，毛泽东后来一针见血指出，"王明问题的关键、症结之所在，就是他对自己的事考虑得太少，对别人的事却操心得太多"②。所以，这种态度在内心和实践中拒绝中国革命实际和经验，崇拜和信奉苏联的各种经验，从苏联经验中为自己的行为立法。

三是"唯书"的，将马克思列宁主义经典文本奉为圭臬，单纯地为学理论而去学理论的态度。这种态度，"就是抽象地无目的地去研究马克思列宁主义的理论"。列宁曾尖锐地批评指出，"只有不可救药的书呆子，才会单靠引证马克思关于另一历史时代的某一论述，来解决当前发生的独特而复杂的问题"③。这表现在将马克思主义的文本奉为"圣经"，沉迷于个别词句的表达，搬用经典作家的个别论述为自己证明，把马克思列宁主义当成宗教教条，针对这种近乎蒙昧的作法，毛泽东指出，"这些同志自以为相信马克思主义，但是，他们却

---

① 《毛泽东文集》（第2卷），人民出版社1993年版，第407页。
② 师哲：《在历史巨人身边》，中央文献出版社1991年版，第263页。
③ 《列宁选集》（第1卷），人民出版社2012年版，第162页。

不努力宣传唯物主义，听了或看了主观主义的东西也不想一想，也不发议论。这种态度不是共产党员的态度。这使得我们许多同志蒙受了主观主义思想的毒害，发生麻木的现象。所以我们要在党内发动一个启蒙运动，使我们同志的精神从主观主义、教条主义的蒙蔽中间解放出来"[①]。

实际上，马克思列宁主义的经典作家对盲目搬用理论是非常反感的，马克思主义本身就是一个在实践中不断发展的理论体系。马克思就指出，"我们不想教条地预期未来，而只是想通过批判旧世界发现新世界"，"所以我不主张我们树起任何教条主义的旗帜，而是相反。我们应当设法帮助教条主义者认清他们自己的原理"。[②] 恩格斯也指出，马克思主义不是教条，而是行动的指南，"马克思的整个世界观不是教义，而是方法。它提供的不是现成的教条，而是进一步研究的出发点和供这种研究使用的方法"[③]。所以，学习马克思主义关键是要学习贯穿其中的立场、观点和方法。

马克思主义不是一成不变的，而是随着实践的发展和时代的变化而不断丰富的学说。列宁在领导俄国革命

---

① 《毛泽东选集》(第3卷)，人民出版社1991年版，第827页。
② 《马克思恩格斯文集》(第10卷)，人民出版社2009年版，第7页。
③ 《马克思恩格斯文集》(第10卷)，人民出版社2009年版，第691页。

的过程中也是突出强调马克思主义的世界观和方法论的意义，在把马克思主义基本原理与俄国革命具体实际相结合的过程中，特别指出，"马克思主义的精髓，马克思主义的活的灵魂：对具体情况作具体分析"[1]。所以教条主义并非来自马克思主义经典作家，不是马克思主义自身的产物，而是非马克思主义的产物。毛泽东就强调，"他们经常在著作里提醒我们，说他们的学说是行动的指南，是武器，不是教条。人家讲的不是教条，我们读后变成了教条，这是因为我们没有读通，不会读"[2]。教条主义者，不是因为其不学习马列原著，而是其只关注理论，而忽视实际，只把握马列原著的词句和形式，而抛弃了其实质内容，在《改造我们的学习》中，毛泽东就给那些只知道背诵马列著作中的若干词句的人画像："墙上芦苇，头重脚轻根底浅；山间竹笋，嘴尖皮厚腹中空。"

在《改造我们的学习》中，毛泽东将这种主观主义的学风问题视为党性问题，指出"这种反科学的反马克思列宁主义的方法，是共产党的大敌，是工人阶级的大敌，是人民的大敌，是民族的大敌，是党性不纯的一种

---

[1]《列宁选集》(第4卷)，人民出版社2012年版，第213页。
[2]《毛泽东文集》(第3卷)，人民出版社1996年版，第418页。

表现"。主观主义态度不仅是思想方法的问题,更是关涉到党的事业的发展。只有真正确立了理论和实践统一的态度,党性才会巩固,革命才会胜利。

(二)马克思列宁主义的态度

在批评党内学习中存在的主观主义态度之后,毛泽东提出了马克思列宁主义的态度,这种态度就是坚持调查研究,了解中国的实际的一切从实际出发的态度;就是不割断历史,了解中国的过去和中国革命的特殊性的具体问题,进行具体分析的态度;这种态度就是坚持以马克思列宁主义的理论与中国革命实际运动相结合的理论联系实际的态度;这种态度就是坚持以我为主的有的放矢的态度。归根结底,这种态度就是实事求是的态度。

1.坚持一切从实际出发

坚持马克思列宁主义的态度,首要的就是要把握现实,将现实实际作为思想的起点,正如恩格斯指出,"共产主义不是教义,而是运动。它不是从原则出发,而是从事实出发"[1]。"从事实出发"是马克思恩格斯进

---

[1]《马克思恩格斯文集》(第1卷),人民出版社2009年版,第672页。

行理论创造的根基和立足点，也是马克思主义的理论品格。列宁在此基础之上，进一步强调了理论与实践的辩证关系，强调了实际的特殊性和具体性，指出，"我们要从实际情况出发来谈论问题，因为现实是不能抹杀的"①。列宁坚持"从实际情况出发"，而非从一般理论原则出发，才成功地将马克思主义基本原理与俄国具体实际结合起来，找到了俄国革命的正确道路，建立了人类历史上的第一个社会主义国家。

毛泽东也指出，"我们讨论问题，应当从实际出发，不是从定义出发"，强调"我们是马克思主义者，马克思主义叫我们看问题不要从抽象的定义出发，而要从客观存在的事实出发，从分析这些事实中找出方针、政策、办法来"。②但是"实际"不仅是事物的表象，也包含事物的内部结构，外部环境及其相互关系。"实际"是客观存在的，是不以人的意志为转移的，这就需要尊重客观事实，所以从实际出发，首先就是从客观事实出发，用科学的方法发现客观事物的发展规律。"实际"也是全面的，是作为一个普遍联系的存在，这既需要把握事物外部的关联，也需要把握事物内部的结构，从而

---

① 《列宁全集》（第8卷），人民出版社2017年版，第121页。
② 《毛泽东选集》（第3卷），人民出版社1991年版，第853页。

形成整体性的认知。"实际"更是发展的，对"实际"的认知也是需要考察其历史的发展，理解其现实的状态和把握其未来的走向。

对于实际的把握不能停留于书本知识，也不能满足于事物表象，更不能依靠经验，而是"应用马克思列宁主义的理论和方法，对周围环境作系统的周密的调查和研究"。"实际"的表象是错综复杂的，而"实际"的本质是"看不见、摸不着"的，这需要通过系统周密、艰苦细致的调查研究才能加以把握。调查重在把握情况，毛泽东指出，"我们的调查工作要面向下层，而不是幻想。同时，我们又相信事物是运动的，变化着的，进步着的。因此，我们的调查，也是长期的"[1]。研究重在分析问题，需要将调查获得的感性材料，通过"去粗取精、去伪存真、由此及彼、由表及里"的研究，获得本质情况，从感性认识上升到理性认识。

2.坚持具体问题，具体分析

坚持马克思列宁主义的态度，就是要把握事物发展的特殊性，坚持具体问题，具体分析。马克思在分析俄国发展道路的时候，一再强调要注重从具体事物的实际出发，认为俄国面临着和西欧不同的情况，指出，"在

[1]《毛泽东文集》（第2卷），人民出版社1993年版，第378页。

俄国，由于各种独特情况的结合，至今还在全国范围内存在着的农村公社能够逐渐摆脱其原始特征，并直接作为集体生产的因素在全国范围内发展起来。正因为它和资本主义生产是同时存在的东西，所以它能够不经受资本主义生产的可怕的波折而占有它的一切积极的成果。俄国不是脱离现代世界孤立生存的；同时，它也不像东印度那样，是外国征服者的猎获物"[1]。列宁在领导俄国革命的时候也明确指出："在分析任何一个社会问题时，马克思主义理论的绝对要求，就是要把问题提到一定的历史范围之内；此外，如果谈到某一国家，那就要估计到在同一历史时代这个国家不同于其他各国的具体特点。"[2] 在此，列宁特别注重具体问题的特定的历史条件，强调要在特定的具体的历史条件下去把握问题，如果抛开历史条件，特别是抛弃本国历史传统，就会把本国的具体问题抽象为超历史的问题，此外，超越历史条件，就会陷入一种空想，把在未来历史环境中才能解决的问题拿到现在解决，毛泽东在批评"左"倾错误的时候，也指出，"他们的思想超过客观过程的一定发展阶段，有些把幻想看作真理，有些则把仅在将来有现实可

---

[1]《马克思恩格斯文集》(第3卷)，人民出版社2009年版，第571页。
[2]《列宁选集》(第2卷)，人民出版社2012年版，第375页。

能性的理想，勉强地放在现时来做，离开了当前大多数人的实践，离开了当前的现实性，在行动上表现为冒险主义"[1]，把握具体问题，既要把握具体问题的历史方位，也要把握具体问题的历史进程。

毛泽东在《改造我们的学习》中强调的"不但是懂得希腊就行了，还要懂得中国；不但要懂得外国革命史，还要懂得中国革命史"，就是通过历史的学习，把握中国革命的具体问题，进而以马克思主义的方法进行具体的分析。毛泽东指出，"学习我们的历史遗产，用马克思主义的方法给以批判的总结，是我们学习的另一任务"。"今天的中国是历史的中国的发展"，了解把握中国革命所处的历史方位和历史进程，就需要学习分析中国历史，不仅如此，在推动马克思主义中国化的历史进程中，更需要继承和发展中国历史遗产，作为理论创新的重要资源，"离开中国特点来谈马克思主义，只是抽象的空洞的马克思主义。因此，使马克思主义在中国具体化，使之在其每一表现中带着必须有的中国的特性，即是说，按照中国的特点去应用它，成为全党亟待了解并亟须解决的问题。洋八股必须废止，空洞抽象的调头必须少唱，教条主义必须休息，而代之以新鲜活

---

[1]《毛泽东选集》(第1卷)，人民出版社1991年版，第295页。

泼的、为中国老百姓所喜闻乐见的中国作风和中国气派"[1]。对历史的学习，就是坚持具体问题具体分析方法的重要一环。

3.坚持有的放矢

坚持马克思列宁主义的态度，就是要坚持以实践为导向，坚持以理论指导实践，并在实践中不断丰富和发展理论。马克思主义不是高悬在书斋里的学问，是改造世界的指南，它是为了改变人类命运而创立的，并在为人类求解放的实践中形成发展的。在面对当时的一些人将马克思主义教条化和绝对化，恩格斯批评他们，"把马克思认为只在一定条件下起作用的一些原理解释成绝对的原理"，其结果就是使"那些原理看来就不正确的了"[2]。马克思也指出，"正确的理论必须结合具体情况并根据现存条件加以阐明和发挥"[3]。马克思主义必须是与具体实际结合起来才能够成为行动指南。列宁也进一步指出，别国革命成功的经验和模式也是需要结合自身的实际来学习，认为"在年轻的国家里开始的运动，只有在运用别国的经验的条件下才能顺利发展。但是，要运用别国的经验，简单了解这种经验或简单抄袭别国最

---

[1]《毛泽东选集》(第2卷)，人民出版社1991年版，第534页。
[2]《马克思恩格斯文集》(第3卷)，人民出版社2009年版，第511页。
[3]《马克思恩格斯全集》(第47卷)，人民出版社2004年版，第35页。

近的决议是不够的。为此必须善于用批判的态度来看待这种经验，并且独立地加以检验"①。理论不能脱离实践，实践更是需要理论的指导，"没有革命的理论，就不会有革命的运动"。只有将理论与鲜活火热的实践相结合，才能展现出理论的魅力。

在领导中国革命和建设的进程中，毛泽东特别强调理论与实际的结合，早在《反对本本主义》中，就指出"马克思主义的'本本'是要学习的，但是必须同我国的实际情况相结合。我们需要'本本'，但是一定要纠正脱离实际情况的本本主义"②。1956年，毛泽东在《论十大关系》中指出，"我们要学的是属于普遍真理的东西，并且学习一定要与中国实际相结合。如果每句话，包括马克思的话，都要照搬，那就不得了。我们的理论，是马克思列宁主义的普遍真理同中国革命的具体实践相结合"③。理论只能是在实践中才能够得到证实和检验。

在《改造我们的学习》中，毛泽东将理论与实际的结合阐释为"有的放矢"，指出"'的'就是中国革命，'矢'就是马克思列宁主义。我们中国共产党人所

---

① 《列宁选集》（第1卷），人民出版社2012年版，第312页。
② 《毛泽东选集》（第1卷），人民出版社1991年版，第111页。
③ 《毛泽东文集》（第7卷），人民出版社1999年版，第42页。

以要找这根'矢'，就是为了要射中国革命和东方革命这个'的'的"。在《整顿党的作风》中，毛泽东进一步指出，"马克思列宁主义理论和中国革命实际，怎样互相联系呢？拿一句通俗的话来讲，就是'有的放矢'。'矢'就是箭，'的'就是靶，放箭要对准靶。马克思列宁主义和中国革命的关系，就是箭和靶的关系。有些同志却在那里'无的放矢'，乱放一通，这样的人就容易把革命弄坏。有些同志则仅仅把箭拿在手里搓来搓去，连声赞曰：'好箭！好箭！'却老是不愿意放出去。这样的人就是古董鉴赏家，几乎和革命不发生关系。马克思列宁主义之箭，必须用了去射中国革命之的。这个问题不讲明白，我们党的理论水平永远不会提高，中国革命也永远不会胜利"[1]。

"有的放矢"是对理论与实践相结合的一种创新表达，谢觉哉在学习毛泽东提出的"有的放矢"的观点后，认为"弄到箭——学会马列主义的立场、观点、方法——是一件事；看清靶——研究现状、研究历史——是一件事；学会射——瞄准靶、手法稳——是又一件事，三样本领，都要到家"[2]。对于"有的放矢"的理解

---

[1]《毛泽东选集》(第3卷)，人民出版社1991年版，第819—820页。
[2] 焕南：《读学风文件随记》，《解放日报》1942年11月11日。

也可以从三个方面来理解。

　　首先,有的放矢的前提是有矢可放,就是要确立马克思主义对于中国实际的指导地位。箭的选择是具有鲜明的方向性和目标性,而不是随意地挑选。中国共产党人选择马克思主义,就是要改造旧中国。"放箭要对准靶",既是坚持以马克思主义锚定中国社会发展的前景和目标,也是要以马克思主义作为分析中国社会的理论工具。就此而言,找到马克思主义这根"箭",并不仅仅是将其作为一种理论的认同,更是要将其作为行动指南,将理论学说变为行动指南,变为具体的实践成果。正如毛泽东指出,"我们说的马克思主义,是要在群众生活群众斗争里实际发生作用的活的马克思主义,不是口头上的马克思主义",是要"把口头上的马克思主义变成为实际生活里的马克思主义"[1]。所以坚持马克思主义的指导地位,从来都不是口头禅,不是空话和套话,而是有着具体实际内容。

　　其次,有的放矢的方式是找到"的",就是要运用马克思主义的立场、观点和方法去分析中国实际。坚持理论指导,就是要运用理论的分析方法,对实际展开具体的研究和辨析。这一方面是要熟练掌握理论,而不是

---

[1]《毛泽东选集》(第3卷),人民出版社1991年版,第858页。

"只能记诵马克思主义书本上的个别的结论和个别的原理",是需要真正把握马克思主义的实质,领会其中蕴含的立场、观点和方法,并去分析中国的实际,形成关于中国实际的"理性的结论";另一方面是要将目标的实现条件与现实国情进行比较分析,进而为社会主义在中国的发展提供理论指引和现实路径。

最后,有的放矢的目标是射准"的",就是要创造能解决中国问题,实现中国社会理想目标的具体路径和手段。检验理论的正确与否,不是理论的逻辑推演和论证,而是需要在实践中去检验和校正,正如毛泽东指出,"中国共产党人只有在他们善于应用马克思列宁主义的立场、观点和方法,善于应用列宁斯大林关于中国革命的学说,进一步地从中国的历史实际和革命实际的认真研究中,在各方面作出合乎中国需要的理论性的创造,才叫做理论和实际相联系。如果只是口头上讲联系,行动上又不实行联系,那末,讲一百年也还是无益的"[1]。有的放矢,归根结底就是要落脚于实践,在改造世界的实践中去检验理论、实现理想。

4.坚持实事求是

坚持马克思列宁主义的态度,就是要在一切从实际

---

[1]《毛泽东选集》(第3卷),人民出版社1991年版,第820页。

出发，具体问题具体分析，理论联系实际的过程中，把握事物发展的规律，进而指导行动，就是坚持实事求是的态度。"实事求是"是毛泽东对马克思主义世界观与方法论的创新表达和高度概括，习近平指出，"马克思、恩格斯没有直接用过'实事求是'这个词汇，但他们创立的辩证唯物主义和历史唯物主义，突出强调的就是实事求是。实事求是，是毛泽东同志用中国成语对辩证唯物主义和历史唯物主义世界观和方法论所作的高度概括。坚持实事求是，就是坚持一切从实际出发来研究和解决问题，坚持理论联系实际来制定和形成指导实践发展的正确路线方针政策，坚持在实践中检验真理和发展真理。我们党是靠实事求是起家和兴旺发展起来的"[①]。"实事求是"是《改造我们的学习》中的一个重要概念，是对马克思列宁主义学习态度的高度凝练。

从实事求是的概念史考察来看，"实事求是"最早出自《汉书·河间献王刘德传》，"修学好古，实事求是"。唐代颜师古作《汉书注》，将"实事求是"解释为"务得事实，每求真是也"。这是从考据学的意义来讲求真的含义，指的是在收集整理文献时实事求是的治学方法。到清代乾嘉学派，随着考据学的兴起，将考据学的

---

① 《习近平党校十九讲》，中共中央党校出版社2014年版，第276页。

治学方法称之为"实事求是",如钱大昕提出,"实事求是,护惜古人之苦心,可与海内共白"[①]。汪中主张的治学宗旨就是,"为古之学,惟实事求是,不尚墨守"。但考据学发展到极端,就脱离了实事求是,演变成疑古派。而随着晚清时期经世致用思潮的推崇,实事求是又具有了新的内涵,如陈澧就指出,"身亲历过者,'格物'也;屡省深查者,'致知'也。格物致知犹言实事求是,实事者格物也,求是者致知也"[②]。可以看出,自东汉至晚清,实事求是基本上是说治学态度和方法的。

而随着西方科学技术的传入,实事求是逐渐开显出的"格物致知"色彩,加之近代将西方科技称之为"格物穷理"之学和"象数"之学,实事求是逐渐与西方科学思想结合在一起,为洋务派学习西方技术奠定了理论基础,薛福成就指出,"格致之学,在中国为治平之始基,在西国为富强之先导,此非内外之有殊也。古圣人兴物以前民用,智者创,巧者述,举凡作车行陆,作舟行水,作弧矢之利以威天下者,所谓形上形下,一以贯之者也,后世歧而二之,而实事求是之学不明于天下,遂令前人创述之精意,潜流于异域,彼师其余绪,智

---

① 钱大昕:《廿二史考异·序》,上海古籍出版社2004年版,第1页。
② 陈澧:《东塾读书记》,上海古籍出版社2012年版,第161页。

《改造我们的学习》研读

争能日新月盛,虽气运所至,亦岂非用力独专欤"[1]。郭嵩焘在学习西方科技时,也认为"西人格致之学,所以牢笼天地,驱役万物,皆实事求是之效也"[2],指出"实事求是,西洋之本也",认为西方科学的基本精神,就是实事求是,而中国向西方学习,也必须要坚持实事求是。这样就将作为考据学、治学方法的"实事求是"转化为一个哲学认识论的命题,从而在哲学上找到了中国传统思想文化与西方科学精神的结合点。马克思主义哲学家杜国庠进一步指出,"我们认为中国哲学的精神,不是'经虚涉旷',而是'实事求是';认为我们为学做人的需要,也是'实事求是'的精神"[3]。这样就逐步推动了"实事求是"作为中国传统哲学命题的近代化。

青年毛泽东也是深受经世致用思想传统的影响,从学校文化环境来看,青年毛泽东就读的湖南第一师范就以"实事求是"为教学宗旨,该校的《教养学生之要旨》就明确指出:"国民教育趋重实际,宜使学生明现今之大势,察社会之情状,实事求是。"湖南第一师范的老师,特别是杨昌济非常推崇开启晚清务实学风的魏

---

[1]《薛福成日记》(下),吉林文史出版社2004年版,第518页。
[2]《郭嵩焘日记》,湖南人民出版社1982年版,第766页。
[3] 杜国庠:《便桥集——哲学论文集》,广东人民出版社1960年版,第34页。

源。在授课和文章中,杨昌济自觉承担起了传承湘学中注重现实实际的传统。此外,与湖南第一师范隔江相望的岳麓书院入口悬有"实事求是"的匾额,毛泽东多次寓居于此,深受感染。青年毛泽东在这种文化氛围之中,一方面注重经世务实,强调"实意做事,真心求学",另一方面积极参与实践,坚持知行合一,主张"闭门求学,其学无用。欲从天下国家万事万物而学之"[1]。在青年时期,毛泽东就注重实际,注重调查研究。

正是在这样的思想背景下,毛泽东逐步深化了对"实事求是"的认识,1938年,毛泽东在《中国共产党在民族战争中的地位》中指出"共产党员应是实事求是的模范",认为"只有实事求是,才能完成确定的任务",这里"实事求是"是与学习态度相关联。1940年,毛泽东在《新民主主义论》中指出,"新民主主义的文化是科学的。它是反对一切封建思想和迷信思想,主张实事求是,主张客观真理,主张理论和实践一致的"。这里的"实事求是"侧重的是科学精神。1941年,在《改造我们的学习》中毛泽东第一次阐释了"实事求是"的内涵,"'实事'就是客观存在着的一切事物,'是'就是客观事物的内部联系,即规律性,'求'就是我们

---

[1]《毛泽东早期文稿》,湖南人民出版社2013年版,第530页。

去研究。我们要从国内外、省内外、县内外、区内外的实际情况出发,从其中引出其固有的而不是臆造的规律性,即找出周围事变的内部联系,作为我们行动的向导",赋予了实事求是以马克思主义意涵。1941年7月,毛泽东出席中央研究院成立大会,并作了题为《实事求是》的报告,指出"要做到实事求是,就必须大兴调查研究之风,须下马看花。跑马看花是看不清楚的,只有下马看花才能看清"[1]。1941年冬,毛泽东为中央党校题词"实事求是"。1945年党的七大,实事求是被认为是中国共产党人的基本观点,并被确立为党的思想路线。毛泽东对"实事求是"概念作出的全新表达,把原来阐述治学之道的学院式话语转化为马克思主义认识论的经典表述,正如邓小平所指出的,"马克思、恩格斯创立了辩证唯物主义和历史唯物主义的思想路线,毛泽东同志用中国语言概括为'实事求是'四个大字"[2],既是对近代以来"实事求是"理念的重要创新,也是马克思主义与中华优秀传统文化相结合的典范。

从"实事求是"的话语语境来看,毛泽东对"实事求是"话语的运用有着不同语境。一是为了实事而

---

[1] 温济泽等编:《延安中央研究院回忆录》,湖南人民出版社1984年版,第36页。
[2] 《邓小平文选》(第2卷),人民出版社1994年版,第278页。

求是,这一方面是为近代中国实事而求是,面对亡国灭种的民族危机,中华民族的有识之士向西方学习各种理论,意图寻找救亡图存的道路,求得民族复兴的"普遍真理",但一次次的失败,使得当时先进分子将目光投向了马克思列宁主义,希望走俄国人的路,跳出资本主义体系之外,寻求真理。另一方面,马克思列宁主义适应了当时中国的实际需要,毛泽东在《论人民民主专政》中分析道,"俄国人曾经在几十个年头内,经历艰难困苦,方才找到了马克思主义。中国有许多事情和十月革命以前的俄国相同,或者近似。封建主义的压迫,这是相同的。经济和文化落后,这是近似的。两个国家都落后,中国则更落后。先进的人们,为了使国家复兴,不惜艰苦奋斗,寻找革命真理,这是相同的"[1]。但是马克思列宁主义的经典作家并没有专门论述中国革命的具体策略,需要中国共产党人自己去探索。这就需要从马克思列宁主义中寻找立场、观点和方法,这就是在马克思列宁主义指导下去求得中国革命的客观规律的"是"。

二是从实事中求是,中国革命环境错综复杂,保守、激进、西化的各种思潮此起彼伏,封建军阀,民主

---

[1]《毛泽东选集》(第4卷),人民出版社1991年版,第1469页。

《改造我们的学习》研读

势力和革命力量相互交织,如何把握客观实际,把握实事,马克思主义提供了认识工具,特别是阶级分析的方法。阶级分析法是马克思主义分析社会问题的根本出发点,也是历史和社会研究的重要分析方法。在纷繁复杂的中国社会,要分清敌友,必须运用阶级分析法对当时的中国社会进行科学分析,在分析其经济地位的过程中把握他们对革命的态度,从而解决依靠谁、团结谁和打击谁的重大问题。毛泽东指出,"对于担负指导工作的人来说,有计划地抓住几个城市、几个乡村,用马克思主义的基本观点,即阶级分析的方法,作几次周密的调查,乃是了解情况的最基本的方法。只有这样,才能使我们具有对中国社会问题的最基础的知识"[1]。毛泽东也是在分析中国社会各阶级状况的过程中,得出"一切勾结帝国主义的军阀、官僚、买办阶级、大地主阶级以及附属于他们的一部分反动知识界,是我们的敌人。工业无产阶级是我们革命的领导力量。一切半无产阶级、小资产阶级,是我们的朋友。那动摇不定的中产阶级,其右翼可能是我们的敌人,其左翼可能是我们的朋友——但我们要时常提防他们,不要让他们扰乱了我们的阵

---

[1]《毛泽东选集》(第3卷),人民出版社1991年版,第789页。

线"①，这样就勾勒出中国革命的基本图式。在实事中求是，就是坚持马克思主义的世界观和方法论认识实际，从中引出发展规律。作为一种事前预测，"实事求是"就是在把握规律基础之上主观能动性的发挥。就此而言，实事求是是一切从实际出发、理论联系实际的综合运用和表达。

从"实事求是"的思想内涵来看，是认识世界与改造世界的统一体。就认识世界而言，实事求是就是不断追求真理、揭示事物发展规律，认识事物本质的过程。坚持实事求是地认识世界，就是要全面系统、联系发展地把握事物。要从客观环境中认识事物，通过分析与综合，归纳与演绎，判断与推理等方法，把握事物与环境，事物内部不同部分的关系，这就是《改造我们的学习》中所指出的，"不凭主观想象，不凭一时的热情，不凭死的书本，而凭客观存在的事实，详细地占有材料，在马克思列宁主义一般原理的指导下，从这些材料中引出正确的结论"，揭示事物的本质和规律，明晰事物的真善美与假恶丑，进而实现合目的性与合规律性的统一。

作为一种改造世界的实事求是而言，就是要把在认

---

① 《毛泽东选集》(第1卷)，人民出版社1991年版，第9页。

识世界过程中通过实事求是获得的真理性认识,通过实践成果展现出来。"求"的过程不仅是涉及方法论和价值观的问题,更是涉及实践论的问题。按照客观规律办事,在改造世界的过程中,实事求是也是强调价值导向。在改造世界的过程中的实事求是既是进一步追求正确事实判断的"求真"的过程,同时也是创造社会价值的"求善"的过程。共产主义运动是为绝大多数人的运动,在坚持实事求是的过程中就是坚持为人民服务的过程。

正是在追求事实判断与价值判断相统一的过程中,毛泽东将是否坚持"实事求是"视为党性问题,认为实事求是的态度,"就是党性的表现,就是理论和实际统一的马克思列宁主义的作风"。党性问题是由列宁首先提出来的,他认为哲学是有党性的,指出"马克思和恩格斯在哲学上自始至终都是有党性的,他们善于发现一切'最新'流派对唯物主义的背弃,对唯心主义和信仰主义的纵容"[1],哲学上的党派斗争归根结底是现代社会中敌对阶级的倾向和意识形态的表现,"最新的哲学像在两千年前一样,也是有党性的。唯物主义和唯心主义按实质来说,是两个斗争着的党派,而这种实质被冒牌

---

[1]《列宁选集》(第2卷),人民出版社2012年版,第231页。

学者的新名词或愚蠢的无党性所掩盖。唯心主义不过是信仰主义的一种精巧圆滑的形态,信仰主义全副武装,它拥有庞大的组织,继续不断地影响群众,并利用哲学思想上的最微小的动摇来为自己服务。经验批判主义的客观的、阶级的作用完全是在于替信仰主义者效劳,帮助他们反对一般唯物主义,特别是反对历史唯物主义"[1]。这种党性问题就是自己的阶级性,就是坚持无产阶级的世界观,坚持为人民服务,就此而言,党性与科学性是统一的。没有离开科学性的党性,也没有离开党性的科学性,坚持实事求是就是坚持科学性与党性的统一,正如毛泽东所指出的,"共产党不靠吓人吃饭,而是靠马克思列宁主义的真理吃饭,靠实事求是吃饭,靠科学吃饭"[2]。实事求是从价值判断来说,就是能否站在最广大人民立场上来,真正做到为人民谋幸福,习仲勋也谈道,"我们讲党性,我看实事求是就是最大的党性"[3]。坚持实事求是就是要坚持"不唯上、不唯书、只唯实",以马克思主义的批判精神和科学态度,去解决现实问题,为真理而斗争。

---

[1]《列宁选集》(第2卷),人民出版社2012年版,第240页。
[2]《毛泽东选集》(第3卷),人民出版社1991年版,第835—836页。
[3]《习仲勋传》(上卷),中央文献出版社2013年版,第358页。

四、改造一下全党的学习方法和学习制度

毛泽东在指出学习运动中存在三种不良作风,强调要树立实事求是的学习态度之后,围绕如何进一步提高学习运动的质量,向全党提出了推行调查研究计划,有组织地研究近百年的中国史和确立以中国革命实际问题为中心的教学方针等三项建议,为改造全党的学习指明了方向。

(一)推行调查研究计划

为了使广大党员干部全面了解实际问题,毛泽东特别注重全党范围内的调查研究工作,强调要将了解情况和掌握政策相结合,并指出了解情况就是认识世界,掌握政策就是改造世界。在全党推行调查研究的计划,就是为了更好地认识世界和改造世界,这也是转变党的作风的关键一环。

实际上,在《改造我们的学习》的报告之前,毛泽东就着手整理自己在1927年北伐战争时期到1934年土地革命时期所作的11篇调查报告,1937年准备刊印,

第三章 《改造我们的学习》的主要内容

毛泽东在当时的序言中指出,"这是一种历史材料,其中有些观点是当时的意见,后来已经改变了"①。这是因为中共中央刚落脚陕北,需要全面了解和把握当地的情况,特别是随着全面抗战的爆发,在执行抗日民族统一战线的政策中,更是需要了解国内社会情况的变化。1941年3月,《农村调查》由解放社出版,毛泽东再次作了《序言》,强调做好调查研究,"第一是眼睛向下,不要只是昂首望天","第二是开调查会。东张西望,道听途说,决然得不到什么完全的知识",指出"没有满腔的热忱,没有眼睛向下的决心,没有求知的渴望,没有放下臭架子、甘当小学生的精神,是一定不能做,也一定做不好的"②。这些都为开展全党范围内的调查研究提供了宝贵的学习材料。

在毛泽东发表《改造我们的学习》后,中共中央根据相关精神于1941年7月决定成立调查研究局,毛泽东为主任,任弼时为副主任。下设情报部、政治研究室、党务研究室,毛泽东兼政治研究室主任。8月1日,中共中央通过《关于调查研究的决定》,指出"二十年来,我党对于中国历史、中国社会与国际情况

---

① 《毛泽东文集》(第2卷),人民出版社1993年版,第37—38页。
② 《毛泽东选集》(第3卷),人民出版社1991年版,第798—790页。

的研究，虽然是逐渐进步的，逐渐增加其知识的，但仍然是非常不足；粗枝大叶，不求甚解，自以为是，主观主义，形式主义的作风，仍然在党内严重的存在着"，特别是抗战以来国内外形势的变化，党内许多同志缺乏了解，"到延安来报告工作的同志，其中的多数，对于他们自己从事工作区域的内外环境，不论在社会阶级关系方面，在敌伪方面，在友党友军方面，在自己工作方面，均缺乏系统的周密的了解"，甚至日本帝国主义、国民党对相关情况的调查研究比我们党所了解的都要丰富得多，而且党内许多同志，"还不了解没有调查就没有发言权这一真理。还不了解系统的周密的社会调查，是决定政策的基础"，[1]这些迫切需要有组织的全面系统的调查与研究。关于如何收集材料，该《决定》指出，一是收集敌友我三方的各种报纸、刊物、书籍加以研究，二是邀请有经验的人开调查会，三是详细调查社会各阶层的生活情况及其相互关系，四是利用各种干部会、代表会收集材料，五是写名人列传，六是个别口头询问，七是收集县志、府志、省志、家谱，加以研究。

此外，中共中央决定设置调查研究机关，收集国内

---

[1]《中共中央文件选集（1941—1942）》（第13册），中共中央党校出版社1991年版，第173页。

外政治、军事、经济、文化及社会阶级关系各方面材料，加以研究，作为中央工作的直接助手，同时在各级在职干部与训练干部的学习中，进行了解客观情况的教育。1941年8月27日研究机关在中央调查研究局成立，毛泽东任局长，作为中央秘书长的任弼时担任副局长，内设调查局，担负收集材料的职责；政治研究室，担负根据材料加以整理与研究的职责，内分设中国政治研究组、中国经济研究组、敌伪研究组和国际研究组，毛泽东兼任主任；党务研究室，担负研究各地党的现状与党的政策，内设根据地研究组、大后方研究组、敌占区研究组和海外研究组，任弼时主任并兼任根据地研究组组长。1942年1月，《解放日报》发表社论《掌握马列主义的锁钥》，指出"中共中央不久以前公布的关于调查研究的决定，对于掌握马列主义武器，指引了一条捷径，提供了一个宝贵的锁钥。这对于全党学习应用马列主义，将是一个重大的推动，从这个决定以后，调查研究的工作，成了学习马列主义的重要环节了"[1]，自此，全党大兴调查研究之风。

毛泽东率先垂范，针对陕甘宁边区财政经济问题进行调查研究，提出了一整套财经工作的方针和政策。

---

[1]《掌握马列主义的锁钥》，《解放日报》1942年1月21日。

1942年12月,毛泽东在陕甘宁边区高级干部会议上所作的《经济问题与财政问题》的报告,就是其调查成果的集中体现。与此同时,毛泽东也对调查研究工作中的具体问题进行有针对性的指导。1941年9月,《解放日报》刊登了《鲁忠才长征记》,这是高克林采访城关区副区长鲁忠才等人后写的调查报告,记述了城关区第一次运盐的经过,毛泽东在这篇报告中写下批语,指出"这是一个用简洁文字反映实际情况的报告,高克林同志写的,值得大家学习。现在必须把那些'下笔千言、离题万里'的作风扫掉,把那些'夸夸其谈'扫掉,把那些主观主义、形式主义扫掉。高克林同志的这篇报告是在一个晚上开了一个三个人的调查会之后写出的,他的调查会开得很好,他的报告也写得很好。我们需要的是这类东西,而不是那些千篇一律的'夸夸其谈',而不是那些党八股"[1],这些为如何写好调查报告树立了典型,为整顿学风和文风起了作用。

在中央号召下,党内开展了广泛的调查研究工作。1941年春,朱德率领中共中央直属财经处处长邓洁、第三五九旅七一八团政委左齐以及技术干部多人,到南泥

---

[1]《毛泽东年谱(1893—1949)》(中册),中央文献出版社2013年版,第324页。

湾进行实地勘察,并访问当地老农,对南泥湾的开垦作了详细的调查研究。

1941年9月,中央西北局宣传部部长李卓然带着干事柯华、秦川等人,深入固临县的安河乡、张家村、临镇乡、庆元乡等地开展为期两个月的调查工作,"从1941年9月24日到11月25日,两个月内,我和李卓然、秦川在固临镇一家一户地走访,各个阶层的人都见了个遍,包括农村的二流子,调查工作做得非常细致,特别是对1939年土改前后的农民生存状态进行了细致入微的考察"[①]。他们还以旁听会议和记录乡长、支书的每日生活等形式,了解基层政权和基层干部的工作情况,以个人访谈和收集当地史料相结合,了解了当地的文化风俗和政策执行状况,最终写成了十几万字的《固临调查》。《固临调查》中真实反映的当地农民生活状况,特别是脱产人员剧增、农民负担过重的问题,引起了中央的高度关注,推动了大生产运动的开展。

1941年9月,中共中央妇委、西北局联合组成妇女生活调查团,赴延安和绥德农村调查妇女生活状况。出发前,毛泽东发表讲话,情况是逐渐了解的,认识世界

---

① 柯华口述、郭彤彤执笔:《新中国外交耆宿柯华95岁述怀》,文化艺术出版社2013年版,第62页。

《改造我们的学习》研读

需要不断的努力,指出"我们是信奉科学的,不相信神学。所以,我们的调查工作要面向下层,而不是幻想。同时,我们又相信事物是运动的,变化着的,进步着的。因此,我们的调查,也是长期的。今天需要我们调查,将来我们的儿子、孙子,也要作调查,然后,才能不断地认识新的事物,获得新的知识",并提出了调查研究的基本方法,"1.分析和综合,先分析后综合,在分析中也有小的综合。应当学习马克思研究资本主义社会的方法和苏东坡研究历史的'八面受敌'法。2.详细地占有材料,抓住要点"。[①]毛泽东的讲话为这次调查工作进行了理论和方法的指导。中央妇委委员区梦觉撰写了《怎样在妇女运动中展开调查研究工作》,指出要肃清过去主观主义形式主义的作风,指出同群众谈话得注意,"(一)要有耐心;(二)先建立友好的感情;(三)不着形式,随便闲谈;(四)不要用法官审案的口吻,不要问一句写一句,自己记在心里,回家后再录出来;(五)通过当地干部的关系;(六)先和本人谈,再从旁人补充"[②]。在理论和方法的指导下,妇女生活调查团的

[①]《毛泽东年谱(1893—1949)》(中册),中央文献出版社2013年版,第328页。
[②]《中国妇女运动文献资料汇编(1918—1949)》(第1册),中国妇女出版社1987年版,第396页。

活动进行得较为顺利，他们通过帮助妇女做家务，带孩子和拉家常等形式，深入基层，了解到陕北妇女经济不独立和封建落后的婚俗束缚妇女等情况，写出了《沙滩萍调查》《沙滩萍第二乡第二行政村调查》等报告，认识到妇女的革命力量远未发动起来，这也为后来的妇女运动提供了重要依据和参考。

此外，还有其他中央直属机关的调查团，如中央青委考察团在绥德延家川等地开展经济社会调查，写出了《党家沟社会调查材料》《绥德延家川经济材料》。八路军政治部组织100多人的战地考察团，对抗日战争的现状进行了调查研究。不仅如此，调查研究之风也从中央落实到了基层，各地方机关也开展了调查工作，有绥德县农业局整理的《绥德县农业调查》《绥德畜牧调查》，一些个人也开展了调查工作，如李合邦的《警区土地问题报告》、李涉的《印斗二保选举工作情形》。

这一时期党的领导干部也开展调查研究工作。1941年12月，陕甘宁边区政府主席林伯渠率领边区政府考察团深入富县、甘县开展实地调查研究。林伯渠手持拐杖，走家串户，亲自调查研究，全面了解了很多实际情况。为了进一步考察陕甘宁边区大生产运动的情况，1943年4—5月，林伯渠又进行了一次农村调查，写下了《农村十日》的调查日记，深感劳动者作为历史主

《改造我们的学习》研读

体的创造精神,"我们政府号召生产,要大家丰衣足食,就必须每个人向好的劳动者看齐,成为新的英雄啊。这次农村小住10日,觉得实际的内容太丰富了,需要虚心去学习的地方还多着哩"[1]。林伯渠不顾年事已高,亲自下乡调查,对转变边区政府工作作风,起到了模范带头作用。

在领导干部带领的调查团中有两个大型考察团:一是1941年1月,中共中央西北局组织的西北局调查研究局为主的三十余人的考察团。该考察团在陕甘宁边区的绥德和米脂两地进行了为期两个多月的调查,形成了《绥德、米脂土地问题初步研究》,成为当时西北局调研成果的典范之作。

第二个大型调查团是由张闻天率领的延安农村调查团。1942年1月26日,延安农村调查团深入陕甘宁边区农村,采取开调查会、个别谈话和实地调查等三种形式,了解了当时党的土地政策执行情况、农村政权、公粮负担等问题。其中整理出的《杨家沟地主调查》材料,充分调查了地主的经济状况,这在当时是少有的。张闻天在神府、绥德、兴县等地调查研究后,写了《出发归来记》,深刻体会到"这次出发使我深切的感觉到,

---

[1] 林伯渠:《农村十日》,《解放日报》1943年5月30日。

我知道中国的事情实在太少了。到处看到的东西,在我都是新鲜的、生疏的、不熟悉的。必须经过一番请教之后,我才能认识它们,同它们交起朋友来。但这些东西,又是如此的生动活跃,变化多端,如果我不同它们保持经常的接触,紧跟着它们,它们又会很快的前进,把我远远的抛弃在它们的后面。同时一切事实又如此明显的告诉我,如果我们不去认识它们,熟悉它们,了解它们的动向,我们决然不能决定我们的任务与政策,即使马马虎虎的决定了,任务仍然无法完成,政策也无从实现",并认为"冲破了教条的囚笼,到广阔的、生动的、充满了光与热的、自由的天地中去翱翔——这就是我出发归来后所抱着的愉快心情"[1]。这些真情流露的文字,是在调查研究中完成对实际认识转变的写照。这也是当时共产党人普遍的心理共识。

不仅如此,在实际调查研究中也有不少人在了解实际情况后,完成了工作作风的转变。1942年3月,朱德、王稼祥率领的中央军委和八路军留守兵团领导机关考察团,深入边区队伍考察,提出参加生产,加强根据地建设,注重精兵简政和节省经费开支等建议。一些地方机关和社会团体,以及社会各界人士,也响应中国共

---

[1]《张闻天选集》,人民出版社1985年版,第317页。

产党的号召,积极开展调查研究活动。

全党范围内的调查研究,不仅为制定和实施科学决策提供了重要依据,也为全党上下养成理论联系实际的工作作风发挥了重要向导。

(二)组织研究中国历史

在《改造我们的学习》中,毛泽东特别指出"对于近百年的中国史,应聚集人材,分工合作地去做,克服无组织的状态"。在这一时期,马克思主义史学得到迅速发展,涌现出一大批马克思主义史学家,成立了一大批史学研究机构,构建了马克思主义史学体系,为推动马克思主义中国化奠定了理论和历史根基。

毛泽东高度重视研究中国的历史遗产,认为要把马克思主义的理论运用于中国的具体实际,离不开对中国历史文化的理解把握,指出"今天的中国是历史的中国的一个发展",作为一个马克思主义的历史主义者,不应该忽视历史,割裂历史,对于本民族的历史遗产,也不能全盘接纳或否定,而要批判性继承和发展,"学习我们的历史遗产,用马克思主义的方法给以批判的总结,是我们学习的另一任务",[1] 提出了要用唯物史观研究中国历史。在阅读范文澜关于中国经学简史的讲演提纲后,毛泽东指出,"用马克思主义清算经学这是头一次,因为目前大地主大资产阶级的复古反动十分猖獗,目前思想斗争的第一任务就是反对这种反动"[2]。对于农民起义史研究,毛泽东也提出要坚持唯物史观的基本立场、观点和方法,强调"中国历史上的农民起义和农民战争的规模之大,是世界历史上所仅见的。在中国封建社会里,只有这种农民的阶级斗争、农民的起义和农民的战争,才是历史发展的真正动力"[3],但也指出虽然农民的起义战争打击了封建统治,但由于自身的阶级局限,总是陷入失败。针对当时历史虚无主义思潮泛起,毛泽东指出历史研究需要与现实紧密联系起来。不仅如此,对于历史人物的分析评价也强调用历史主义的方法,认为"所谓是非善恶是历史地发生于发展的",指出"剥削阶级当着还能代表群众的时候,能够说出若干真理",举例说:"王阳明也有一些真理,孔孟有一部分真理,全部否定是非历史的看法。"[4] 毛泽东的这些观点

---

[1]《毛泽东选集》(第2卷),人民出版社1991年版,第533页。
[2]《毛泽东书信集》,中央文献出版社2003年版,第149页。
[3]《毛泽东选集》(第2卷),人民出版社1991年版,第625页。
[4]《毛泽东文集》(第3卷),人民出版社1996年版,第84页。

《改造我们的学习》研读

为推动以唯物史观研究中国历史指明了方向。

在抗战初期,一大批知识分子奔赴延安,其中就有史学研究者和历史教师,他们构成了一个庞大的史学研究群体。在中国共产党的感召下,许多历史研究者注重马克思主义理论武装,形成了马克思主义史学家群体,其中主要代表人物有:范文澜、何干之、金灿然、吕振羽、叶蠖生、吴玉章等。"辩证唯物主义成为历史科学的指导方法,唯物史观学派渐走向主导的地位。"[1] 这些马克思主义史学家坚持历史研究为现实服务的导向,评古今得失,鉴历史经验,表现了强烈的革命性。范文澜指出,"马克思主义者从来不到脱离现实斗争的学问里面去游戏,他研究古史、古哲学或个别问题,都是为了帮助今天的斗争"[2]。何干之注重从历史中汲取抗争力量,进行为抗日战争服务的民族史书写,得到毛泽东的肯定,并进一步指出"你的研究民族史的三个态度,我以为是对的,尤其第二个态度。如能在你的书中证明民族抵抗与民族投降两条路线的谁对谁错,而把南北朝、南宋、明末、清末一班民族投降主义者痛斥一番,把那些民族抵抗主义者赞扬一番,对于当前抗日战争是有帮助

---

[1] 叶蠖生:《抗战以来的历史学》,《中国文化》1941年第2、3期。
[2] 范文澜:《古今中外法浅释》,《解放日报》1942年9月3日。

的"①。随后何干之出版的《中华民族战争史》《中国社会经济结构》《中国社会性质问题论战》等社会影响很大。

在唯物史观指导下,一大批史学著作问世。1941年,范文澜编写的《中国通史简编》出版,该书以唯物史观为指导,将人民群众作为历史发展主线,以阶级斗争作为推动中国社会发展的动力,毛泽东对此进行了高度评价,指出"我们共产党人对于自己国家几千年的历史,不仅有我们的看法,而且写出了一部系统的完整的中国通史。这表明我们中国共产党对于自己国家几千年的历史有了发言权,也拿出了科学的著作了"②。1943年,吕振羽也发表了"中国历史常识"的讲话,在党员干部中普及历史常识,推动马克思主义史学的大众化,为振奋民族精神,唤醒人民群众,促进抗战胜利发挥了积极作用。

为进一步整合史学研究力量,克服研究过程中的无组织状态。1941年7月,根据《改造我们的学习》报告的精神,延安马列学院改组为马列研究院,毛泽东出席成立大会,并作《实事求是》的报告,"要求大家一定要以马列主义基本原理为指导,以研究中国革命实际

---

① 《毛泽东文集》(第2卷),人民出版社1993年版,第143页。
② 陈晋主编:《毛泽东读书笔记精讲》(历史·附录卷),广西人民出版社2017年版,第159页。

《改造我们的学习》研读

问题为中心,调查研究敌友我三方面的历史和现状"[1]。9月,马列研究院更名为中国共产党中央研究院,成为用马列主义方法研究中国历史与现实问题的公开学术机关。研究院下设中国历史研究室,范文澜任主任,下设近代史组,研究内容有中国通史(近代史部分)、苏维埃运动史、中国近代政治史、抗战史、中国经济政治制度史、中国经学史、中国文学史等;农民土地组,研究内容有中国土地制度史、中国法制史、中国农民战争史;民族组,研究内容有民族史和西南少数民族史等。

中央研究院下设的中国文化思想研究室,也注重历史研究,主张以马列主义基本理论和方法研究中国文化思想的发展历程,提出"为了学好哲学,必须学点历史:中国通史,中国革命史,中共党史,联共党史,欧洲革命史",为此需要"搜集和编辑五四以来的思想史料","编写中国近代文化思想史"和"编写中国哲学思想史"。[2] 此外,延安史学研究者也注重将世界史与中国史结合起来研究,拓展了研究空间和视域。

1943年,中共中央在既有基础之上,于3月16日

---

[1]《毛泽东年谱(1893—1949)》(中册),中央文献出版社2013年版,第316页。
[2] 温济泽等编:《延安中央研究院回忆录》,湖南人民出版社1984年版,第42—43页。

中央政治局会议，对历史研究作了进一步统筹规划，"中国近百年历史的研究：政治（范文澜），军事（总参谋部、总政治部），经济（陈伯达），文化（艾思奇作哲学史，周扬作文学史）。中共党史开始研究：二十二年的路线问题；政治局同志座谈；在一年内应有确定的收获"①。

不仅如此，党也将历史教育作为干部教育的重要内容。在1942年通过的《关于在职干部教育的决定》，干部教育所涉及的业务教育、政治教育、文化教育和理论教育中都对相应历史学习作出了规定，将学习历史作为了解实际的一种方式，强调理论与实际相联系，如指出"政治科学以马列主义论战略策略的著述为理论材料，以我党二十年奋斗史为实际材料；思想科学以马克思主义的思想方法论为理论材料，以近百年中国的思想发展史为实际材料；经济科学以马克思主义的政治经济学为理论材料，以近百年中国的经济发展史为事迹材料；历史科学则研究外国革命史与中国革命史"②。在中共中央的指导下，延安许多干部学校，一边学习理论知识，一边学习研究中外历史。如抗大就设置有关世界革命运动

---

① 《毛泽东文集》（第3卷），人民出版社1996年版，第10页。
② 《中共中央文件选集（1941—1942）》（第13册），中共中央党校出版社1991年版，第351—352页。

《改造我们的学习》研读

史、中国近代革命运动史、社会进化史等课程。这些历史课程的开发和设立，充实了干部教育内容，提高了广大党员干部认识实际的水平。

这一时期，马克思主义史学大众化也有了积极进展。特别是延安文艺工作者，在党中央、毛泽东的号召下，以唯物史观为指导，创作了一篇新编历史剧和通俗史学读物。1944年1月，杨绍萱、齐燕铭编导的京剧《逼上梁山》演出后，毛泽东写信指出，"历史是人民创造的，但在旧戏舞台上（在一切离开人民的旧文学旧艺术上）人民却成了渣滓，由老爷太太少爷小姐们统治着舞台，这种历史的颠倒，现在由你们再颠倒过来，恢复了历史的面目，从此旧剧开了新生面"[1]。此外还有《群英会》《定军山》《白毛女》等历史剧，受到抗战军民的热烈欢迎。

此时，一批历史课本和历史通俗读物相继问世。范文澜、金灿然、徐特立编写干部用的《文化课本》，收录了《毛泽东的少年时代》《孙中山的少年时代》《列宁怎样戒烟》和《我和党有历史上不可分离的关系》等历史类小文章，对普及历史知识有着重要启蒙作用。毛泽东亲自为此书作序，指出"我们现在有大批精明忠

---

[1]《毛泽东文集》(第3卷)，人民出版社1996年版，第88页。

实但缺乏文化基础的干部,将来也必然还会有大批这类干部,他们急切需要解决文化基础问题,但课本问题迟迟没有解决。现在文化课本出版了,这是一大胜利"[1]。为了进一步推动马克思主义史学大众化,让广大人民群众了解中国历史,由许立群编著的《中国史话》、叶蠖生编写的《初级中学中国历史课本》、韩启农编写的《中国近代史话》等历史普及读物相继出版。这些通俗普及型历史书籍,为教育广大人民群众提高民族自尊心和自信心,发扬爱国主义热忱,继承革命传统,坚定抗战必胜信念发挥了重要作用。

这一时期,通过对中国历史的研究,特别是坚持以唯物史观为指导,揭示了近代中国社会发展的特点,进一步掌握了中国革命的发展规律。广大党员干部在历史的学习中,深刻认识到中国的具体实际,也逐渐形成了理论与实践相联系的作风。

(三)确立以实际问题为导向的教育方针

毛泽东在《改造我们的学习》中指出,"对于在职干部的教育和干部学习的教育,应确立以研究中国革命

---

[1]《毛泽东文集》(第2卷),人民出版社1993年版,第387页。

《改造我们的学习》研读

实际问题为中心,以马克思列宁主义基本原则为指导的方针,废除静止地孤立地研究马克思列宁主义的方法"。这也意味着整风学习运动由理论学习阶段进入学习与整风相结合,反对教条主义阶段。

1941年8月,毛泽东在中央政治局会议上提出"我们要培养行动的理论家。改造学习要采用革命的精神,对干部教育、学校教育、国民教育都要有一个大的改造"[1]。随后中央决定由张闻天等组成委员会,研究改造学习的办法。

1941年9月,中央发出《关于高级学习组的决定》,指出高级学习组"以理论与实践统一为方法,第一期为半年,研究马恩列斯的思想方法论与我党二十年历史两个题目,然后再研究马恩列斯与中国革命的其他问题,以达克服错误思想(主观主义及形式主义),发展革命理论的目的"[2]。12月1日,毛泽东在中共中央政治局会议上指出,"过去的教育,主要缺点是只教学没有注意教人家去用。最容易的是只教学,最难的是教用。要教会人分析问题,研究中国的生产关系与生产力。如学木

---

[1]《毛泽东年谱(1893—1949)》(中册),中央文献出版社2013年版,第324—325页。
[2]《中共中央文件选集(1941—1942)》(第13册),中共中央党校出版社1991年版,第205页。

匠，要学三年才能用，如果只教规矩、绳墨只要三个钟点就教好了"①。这次会议通过了《关于延安在职干部学习的决定》，确立了在职干部学习的基本原则："凡实际经验多而理论缺少者，以学习理论为主；凡缺少实际经验者，以学习实际知识为主；凡文化水平很低者以提高文化为主；所有干部，均应了解时局动向与当前党的政策；一切学习，均应使之同自己本身工作有直接间接的联系。"②

延安干部学校在干部教育方面也存在一些问题，如干部培训时间较短，没有完成应有教学目的，吴玉章在当时延安大学开学典礼上就指出，"在我们革命的地方，过去因为前方需要六个星期就训练完毕，只学会一般革命的基本课程，近两年还是如此，还是很空虚。主观主义、教条主义、做不好事情，不能使我们活泼地运用马列主义。目前我们要应付这个革命的时代，教学方法就感到不够。我党实行整顿学校，变成正规化，纠正不切实际习惯"③。对此，12月17日，中共中央政治局会议

---

① 《毛泽东年谱（1893—1949）》（中册），中央文献出版社2013年版，第343页。
② 《中共中央文件选集（1941—1942）》（第13册），中共中央党校出版社1991年版，第243页。
③ 《延大举行开学典礼》，《解放日报》1941年9月23日。

《改造我们的学习》研读

通过了《关于延安干部学校的决定》，指出"必须强调学习马列主义的理论的目的是为了使学生能够正确的应用这种理论去解决中国革命的实际问题，而不是为了书本上各项原则的死记与背诵"，强调"第一，必须使学生区别马列主义的字句与马列主义的实质；第二，必须使学生领会这种实质；第三，必须使学生学会善于应用这种实质于中国的具体环境；而抛开一切形式的空洞的学习"，认为"这里所说的应用，是指用马列主义精神与方法去分析中国历史与当前的具体问题，去总结中国革命的经验，使学生养成这种应用的习惯，以便在他们出校之后善于应用马列主义的精神与方法去分析问题与指导实践"。[1] 这个决定进一步明确了干部学校的教育方针，就是要聚焦于马列主义的应用，聚焦于以马列主义分析实际问题，从中得出解决问题的基本方针和政策。

1942年2月1日，毛泽东在中央党校开学典礼上作《整顿学风党风文风》[2]的报告，指出"对于马克思主义的理论，要能够精通它、应用它，精通的目的全在于运用。如果你能应用马克思列宁主义的观点，说明一两

---

[1]《中共中央文件选集（1941—1942）》(第13册)，中共中央党校出版社1991年版，第257—260页。
[2] 这个报告编入《毛泽东选集》时，题为《整顿党的作风》。

个实际问题,那就要受到称赞,就算有了几分成绩"①。1942年3月,李维汉在回顾近三年来党的干部教育历程时,认为教条主义的作风占了相当的统治地位,"在干部学校中,学习同实际分离,造成了'两耳不闻校外事,一心只读马列书'的风气,在在职干部中,学习同工作脱节,造成了不安心工作的情绪"②。一场轰轰烈烈的马克思主义理论学习与思想解放运动蓄势待发,理论学习与整风运动开始深入结合。

1942年4月3日,中央宣传部通过《关于在延安讨论中央决定及毛泽东整顿三风报告的决定》,规定"(一)毛泽东二月一日在党校的报告;(二)毛泽东二月八日在延安干部会上的报告;(三)康生两次报告;(四)中央关于增强党性的决定;(五)中央关于调查研究的决定;(六)中央关于延安干部学校的决定;(七)中央关于在职干部教育的决定;(八)毛泽东在陕甘宁边区参议会的演说;(九)毛泽东关于改造学习的报告;(十)毛泽东论反对自由主义;(十一)毛泽东农村调查序言二;(十二)《联共党史》结束语六条;(十三)斯大林论党的布尔什维克化十二条;(十四)刘少

---

① 《毛泽东选集》(第3卷),人民出版社1991年版,第815页。
② 罗迈:《要清算干部教育中的教条主义》,《解放日报》1942年3月16日。

奇《论共产党员的修养》第二章第二、第三、第四、第五节；(十五)陈云论怎样做一个共产党员；(十六)红四军九次代表大会论党内不正确倾向；(十七)宣传指南小册；(十八)中央宣传部关于在延安讨论中央决定及毛泽东同志整顿三风报告的决定"等十八个文件作为党员干部学习的重要内容，并要求"在阅读与讨论中，每人都要深思熟虑，反省自己的工作及思想，反省自己的全部历史"[①]。4月16日，中共中央宣传部在《关于增加整风学习材料及学习时间的通知》中又增加了四个整风学习文件：斯大林论领导与检查，列宁、斯大林等论党的纪律与党的民主，斯大林论平均主义，季米特洛夫论干部政策与干部教育政策。这二十二个文件成为整风学习运动的重要材料。

1942年4月18日，中央及军委直属机关举行干部学习动员大会。4月20日，毛泽东在中央学习组作关于整顿三风的报告，强调"为了迎接光明，要加强我们的教育，要做思想的准备"，要注重实际的学习，特别是对于时局的学习，"报告时局，估计时局，这是思想准备的一种"。毛泽东指出，"过去干部教育中是有很大

[①]《中共中央文件选集（1941—1942）》（第13册），中共中央党校出版社1991年版，第364页。

毛病的,特别是在学校教育中把方针完全搞到另外一边去了,研究马列主义搞到违反马列主义方面去了,方法也是违反马列主义的方法","最近教育方面又有许多东西搞得不好。因为思想庞杂,思想不统一,行动不统一",因而彻底反对主观主义,来一个彻底的思想转变。毛泽东提出全党要将中央规定的二十二个文件研究好,"要把理论和实际行动联系起来,把文件上讲的东西和自己的行动联系起来"。[①]整风学习的热潮开始形成。

1942年6月8日,中央宣传部作出《关于在全党进行整顿三风学习运动的指示》,要求全党学习延安经验,进行整顿三风的学习运动。6月13日,毛泽东致电周恩来指出:"二十二个文件的学习在延安大见功效,大批青年干部(老干部亦然)及文化人如无此种学习,极庞杂的思想不能统一。"[②]经过四个多月的学习,特别是结合二十二个文件反省自己的思想和工作,广大党员干部对于之前学习运动中的主观主义有了进一步认识,理论与实际相结合的思想意识大大增强,全党的思想实现了高度统一,这也是整风学习运动中的最大成绩。

党确立的注重实际问题的教育方针,在当时的中央

[①]《毛泽东文集》(第2卷),人民出版社1993年版,第411—415页。
[②]《毛泽东年谱(1893—1949)》(中册),中央文献出版社2013年版,第386页。

党校得到很好贯彻。1942年4月8日，彭真根据中央要求，结合自身工作实践，主持制定了《关于党校政治教育计划》，明确党校的教育目的就是培养能够系统地周密地调查研究周围环境，依据党的政策独立坚持党的工作，并且实事求是地机动灵活解决问题的干部。对此，彭真提出了借箭、射箭和造箭的党校教育理论体系，认为在党校学习过程中"要借箭，即学习国际革命经验，学习马克思列宁主义的普遍真理，但主要的靠实际造箭和射箭，在实事求是的射箭过程中，创造出完全适合于中国国情，适合于中国革命需要的箭，并把自己锻炼为成熟的射手"[1]。这一系列方针政策的实施，使中央党校学风大为改善。

1944年6月，"中外记者西北参观团"到达延安，在延安参观访问一个月之久。参观团成员、美联社、英国《曼彻斯特卫报》、美国《基督教科学箴言报》的记者斯坦因在参观考察中央党校时，认为"校园生活给我深刻印象是富有生气，活泼，自由和愉快。自学和集体讨论实际问题，占了一天学习的大部分时间"，在他看来去党校学习就是为了改正缺点和错误，扩大眼界的，并指

---

[1]《彭真年谱（1902—1948）》（第1卷），中央文献出版社2012年版，第212页。

出"没有一个学校比这个特殊的共产党的干部学校更新颖,更实际,更不受规格化和教条主义的束缚的了"[①]。

整风学习运动在广大党员干部中的深入开展也取得了积极成果。1942年7月9日,毛泽东在致刘少奇的信中指出,"学习二十二个文件在延安收到绝大效果(延安有一万干部参加学习),在学习中发现各种纷歧错杂的思想并获得纠正,绝大多数干部都说两个月学习比过去三年学习效果还大"[②]。如张如心在学习二十二个文件中体会到,在之前文件学习中注重文件词句的推敲和结论的咀嚼上,这是他学习理论研究文件失败的原因,认为"要把主要注意力放在了解与掌握文件的精神与实质上面,把问题的重心放在对于自己过去历史的反省及当前的思想及工作改造上面"[③],只有这样才能充分理解文件内在的精神实质,把握现实问题,推进实践。也正是因为确立了以实际问题为导向的教育方针,开展反对主观主义的整风学习运动,使全党深刻了解中国具体实际,坚持一切从实际出发,养成了理论联系实际的作风。正如胡乔木指出,"如果不经过整风,全党在这个

---

① [美]冈瑟·斯坦:《红色中国的挑战》,马海飞等译,上海译文出版社1999年版,第145页。
② 《毛泽东文集》(第2卷),人民出版社1993年版,第435页。
③ 张如心:《两种研究文件的方法》,《解放日报》1942年5月28日。

问题（从中国实际出发解决中国革命的问题）上的认识是解决不了的"[1]。

《改造我们的学习》作为党在延安时期整风运动的开篇之作，深刻揭露了党内学风问题，阐释了理论学习的极端重要性，阐明了马克思列宁主义学风的基本内涵。毛泽东指出的改造学习的三个方法，实际上是确立了整顿学风的实践指向。习近平总书记指出，"我们党历来重视抓全党特别是领导干部的学习，这是推动党和人民事业发展的一条成功经验。在每一个重大转折时期，面对新形势新任务，我们党总是号召全党同志加强学习；而每次这样的学习热潮，都能推动党和人民事业实现大发展大进步"[2]。随着中国特色社会主义进入新时代，面对错综复杂的国际环境，更为艰巨的改革发展任务，在治党治国治军，内政外交国防，改革发展稳定中面对许多新的突出难题，特别是党内存在新办法不会用，老办法不管用，硬办法不敢用，软办法不顶用的状况，更是需要加强学习。《改造我们的学习》虽然诞生在革命战争年代，但是仍闪烁着真理的光芒，其内在蕴含的学习方法和精神实质，仍然具有现实指导性。

---

[1] 胡乔木：《胡乔木回忆毛泽东》，人民出版社2014年版，第10页。
[2]《习近平谈治国理政》(第1卷)，外文出版社2018年版，第401页。

第四章
《改造我们的学习》的启示意义

《改造我们的学习》是延安整风的开篇之作，其中所倡导理论与实际相结合的学风，所形成的马克思主义中国化的基本范式，所贯穿的自我革命精神为建设马克思主义学习型政党，推进马克思主义中国化时代化，推进新时代党的自我革命具有重要启示意义。

一、学习是中国共产党走向强大的重要法宝

重视学习是中国共产党人的优良传统，从抗日战争时期毛泽东提出的"全党来一个学习竞赛"，到新中国成立前夕毛泽东强调的"必须学会自己不懂的东西"；从党的八大上毛泽东指出的"必须善于学习"，到党的十一届三中全会上邓小平强调的"全党必须再重新进行一次学习"；从世纪之交江泽民提出的"学习，学习，再学习"，到新世纪新阶段胡锦涛提出的"建设马克思主义学习型政党"。随着中国特色社会主义进入新时代，习近平提出"在全党大兴学习之风"，指出"中国共产党人依靠学习走到今天，也必然要依靠学习走向未来"[①]。在历史转折的重要关头，历代中国共产党人都高度注重全党范围内的学习，坚持以党的创新理论成果武装头脑，在学习中克服本领恐慌，汲取前进力量，推动事业发展进步。《改造我们的学习》也奠定了学习框架，即理论学习、历史学习和实际学习，确立了学习的基本

[①]《习近平谈治国理政》（第1卷），外文出版社2018年版，第407页。

方法,即理论与实际相结合。这也是在党的历史上第一次提出了系统的学习理论,对中国共产党之后的学习产生了深远影响。

(一)学习马克思主义基本理论是共产党人的必修课

中国共产党人的学习首先是对马克思主义基本理论的学习,理论学习始终占有重要地位。中国共产党是马克思主义与中国工人运动相结合的产物,李大钊、陈独秀等早期中国共产党人就高度重视马克思主义理论的传播和学习,并在"问题与主义"的论战中捍卫马克思主义。党的一大通过的《中国共产党的第一个决议》中主张成立工人学校,提高工人觉悟,强调要成立专门研究机构,研究"工人运动史,组织工厂工人的方法卡尔·马克思的经济学说"[1],以更好在实践中实现共产主义理想。第一次大革命失败后,中国共产党更加注重理论武装,强调要加强"教育训练",要"经过马克思列宁主义理论的锻炼",进而"改造成彻底的无产阶级革

---

[1]《中共中央文件选集(1921—1925)》(第1册),中共中央党校出版社1989年版,第8页。

命家"①。土地革命时期,面对着非无产阶级思想对党和军队的侵蚀,1929年12月的古田会议通过的决议提出要"教育党员用马克思主义的方法去作政治的分析和阶级势力的估量",指出"有计划地进行党内的教育,纠正过去之无计划的听其自然的状态,是党的重要任务之一"②,并将马克思列宁主义的研究作为党员的重要任务之一。

到抗日战争时期,时局的发展变化,加上"左"倾教条主义给党带来的严重危害,中国共产党人对马克思主义的理论学习有了更加深入的认识,认为只有加强和改进理论学习,才能够继续前进,刘少奇就指出,"学习过去的经验,学习马克思列宁主义的理论,学习马克思列宁主义的方法。只有这样,才能使我们前进"③。党的七大确立了毛泽东思想作为党的指导思想,七大制定通过新的党章也规定党员有义务,"努力地提高自己的觉悟程度和领会马克思列宁主义、毛泽东思想的基

---

① 《中共中央文件选集(1927)》(第3册),中共中央党校出版社1989年版,第470页。
② 《中共中央文件选集(1929)》(第5册),中共中央党校出版社1990年版,第816页。
③ 《刘少奇选集》(上卷),人民出版社1981年版,第71页。

础"①。党的七大结束后,全党掀起了学习毛泽东思想的热潮。

新中国成立之初,为适应建设新中国的任务,理论学习迫在眉睫,党中央制定了《关于加强理论教育的决定》,指出"全党的马克思列宁主义——毛泽东思想的教育,必须极大地加强起来。这是提高干部、改进工作的根本方法"②,并将理论学习分为三级:第一级,学习政治常识;第二级,学习理论常识;第三级,学习马克思、恩格斯、列宁、斯大林的理论著作和毛泽东的理论著作。1950年5月,党中央决定成立中共中央毛泽东选集出版委员会,以编辑一部权威的《毛泽东选集》,毛泽东亲自主持了编辑工作。《毛泽东选集》第1卷、第2卷、第3卷、第4卷,分别于1951年、1952年、1953年、1960年出版。毛泽东后来指出,"《毛选》里的这些东西,是群众教给我们的,是付出了流血牺牲的代价的","这是血的著作"。③《毛泽东选集》出版发行后,全党全社会迅速掀起了学习毛泽东著作的热潮。1952年,《毛泽东选

---

①《中共中央文件选集(1945)》(第15册),中共中央党校出版社1991年版,第119页。

②《中共中央文件选集(1949年10月—1966年5月)》(第5册),人民出版社2013年版,第307页。

③《毛泽东年谱(1949—1976)》(第5卷),中央文献出版社2013年版,第329页。

集》第2卷出版发行,贺龙制定了《关于学习〈毛泽东选集〉的计划》,决心用"钻"与"挤"的精神,经常地、有系统地学习《毛泽东选集》,坚持"以个人阅读为主,利用时间与同志们漫谈"[1]。毛泽东思想在全国范围内得到广泛传播,对于中国人民的思想变化,党和国家各项事业的发展都产生了深远影响。

改革开放初期,针对一部分党员干部没有从"左"倾思想的束缚中解放出来和资本主义思想的侵蚀的情况,邓小平特别强调,"要学习马克思主义理论","这不仅是专对新干部,对老干部也同样适用"[2],并进一步指出马克思主义理论并没有过时,建设中国特色社会主义,还是要掌握马克思主义基本理论。随着改革开放的深入推进,中国特色社会主义理论体系逐步创立,全党先后开展深入学习邓小平理论、"三个代表"重要思想和科学发展观等为主要内容的教育实践活动,坚持用党的最新理论成果武装全党。

党的十八大以来,以习近平同志为核心的党中央高度重视马克思主义理论的学习和使用,并先后围绕着历史唯物主义基本原理和方法论、马克思主义政治经济

---

[1]《贺龙年谱》,人民出版社1996年版,第515页。
[2]《邓小平文选》(第3卷),人民出版社1993年版,第147页。

学基本原理和方法、当代世界马克思主义思潮及其影响、《共产党宣言》及其时代意义等主题进行集体学习。习近平也指出"我们依然处在马克思主义所指明的历史时代",并强调要赢得主动,战胜困难,就"必须把马克思主义作为看家本领",就要"不断提高全党运用马克思主义分析和解决实际问题的能力"。[1]特别是在党员干部队伍发生显著变化,时代发展不断提出新课题的背景下,习近平进一步强调毛泽东在六届六中全会上提出的,全党有一百个至两百个系统地学会了马克思列宁主义的同志的要求,"这个任务,今天依然很现实地摆在我们党面前"[2]。面对理论发展要求,事业前进需要和世界发展大势,习近平明确提出"学习马克思主义基本理论是共产党人的必修课",并围绕着如何学懂学好马克思主义基本理论进行了探索。

习近平认为,学习理论最有效的办法是读原著、学原文、悟原理,特别是对于马克思主义理论的学习,不能浅尝辄止,而是一个不断深入的过程,"有的人马克思主义经典著作没读几本,一知半解就哇啦哇啦发表意

---

[1]《习近平谈治国理政》(第2卷),外文出版社2017年版,第67页。
[2]《习近平谈治国理政》(第1卷),外文出版社2018年版,第404页。

见，这是一种不负责任的态度"[1]。只有通过认真研读经典著作，才能够完整全面准确把握基本理论，从而在重大理论问题上能够有鉴别力，保持理论上的清醒，推动实践基础上的理论创新。也只有认真研读经典著作，才能够把握党的创新理论。以科学的理论武装全党，是中国共产党取得历史成就的制胜法宝，也是推动事业发展的强劲动力。

（二）历史是最好的教科书

历史蕴含着兴衰成败的深刻哲理。中国共产党人高度重视历史学习。习近平指出："历史是最好的教科书，也是最好的清醒剂。"[2] 中国共产党是具有历史自觉的马克思主义政党，善于在历史中反思，在反思中前进。早期中国共产党人李大钊就指出，"我们研究历史的任务是：一、整理事实，寻找它的真确的证据。二、理解事实，寻出它的进步的真理"[3]。历史与现实紧密关涉，不仅是因为现实是历史的发展，现实的很多事情都能够从

---

[1] 习近平：《在哲学社会科学工作座谈会上的讲话》，人民出版社2016年版，第12页。
[2]《习近平谈治国理政》(第4卷)，外文出版社2022年版，第287页。
[3]《李大钊全集》(第4卷)，人民出版社2013年版，第466页。

历史中得到解释,更是因为历史的经验与教训能够为现实提供启迪和思考。

在新民主主义革命时期,毛泽东就注重从中国历史的兴衰成败中汲取经验教训。1944年3月,郭沫若在重庆《新华日报》上发表长篇史论文章《甲申三百年祭》。在这篇文章中,郭沫若以辩证唯物主义和历史唯物主义的观点,剖析朱明王朝灭亡的历史必然性,歌颂了李自成领导的农民起义,总结了起义失败的原因,认为"在过短的时期之内获得了过大的成功,这却使自成以下如牛金星、刘宗敏之流,似乎都沉沦进了过分的陶醉里去了"[1],进而纵声色、夺名利、掠财物、杀功臣,在战略、组织和作风上都犯了严重错误,最终酿成历史悲剧。郭沫若的文章传到延安后,受到毛泽东的高度关注。1944年4月12日,毛泽东在西北局高级干部会议上作关于学习问题与时局问题的报告时指出,"我党历史上曾经有过几次表现了大的骄傲,都是吃了亏的","全党同志对于这几次骄傲,几次错误,都要引为鉴戒。近日我们印了郭沫若论李自成的文章,也是叫同志们引为鉴戒,不要重犯胜利时骄傲的错误"。[2] 毛泽东向全党郑重

---

[1] 郭沫若:《甲申三百年祭》,人民出版社2004年版,第21页。
[2]《毛泽东选集》(第3卷),人民出版社1991年版,第947—948页。

推荐了这篇文章，随后《解放日报》全文转载了这篇文章。毛泽东在写给郭沫若的信中也指出，"你的《甲申三百年祭》，我们把它当作整风文件看待。小胜即骄傲，大胜更骄傲，一次又一次吃亏，如何避免此种毛病，实在值得注意"①。6月7日，中央宣传部、军委总政治部联合发出通知，要求全党学习《甲申三百年祭》，指出"我们全党，首先是高级领导同志无论遇到何种有利形势与实际胜利，无论自己如何功在党国、德高望重，必须永远保持清醒与学习态度，万万不可冲昏头脑，忘其所以"，不能重蹈李自成的覆辙。薄一波回忆指出，"那次学习，对于夺取抗日战争的最后胜利，以及胜利后继续保持清醒头脑，打败国民党，起了重要作用"②。也正是通过党内的学习，党员干部以李自成为鉴，结合自身思想作风，对照检查，克服了骄傲情绪，进一步坚定了革命理想与信念。

1949年3月，新民主主义革命胜利前夕，毛泽东再次提出要克服骄傲情绪，在党的七届二中全会上，提出务必使同志们继续地保持谦虚、谨慎、不骄、不躁的作风，务必使同志们继续地保持艰苦奋斗的作风。在离开

---

① 《毛泽东文集》（第3卷），人民出版社1996年版，第227页。
② 《薄一波文选》，人民出版社1992年版，第548页。

西柏坡时,毛泽东与周恩来说道:"我们决不当李自成,我们都希望考个好成绩。"①在途中,毛泽东又提到《甲申三百年祭》,指出:"这仅仅是读了个开头,这篇文章是要永远读下去的!"②注重从历史中吸取经验教训,为现实服务,是中国共产党人学习历史的重要指向。

在社会主义建设时期,对党史的学习构成了历史学习的重要内容。毛泽东也指出,"我们看历史,就会看到前途"③,并主张党员干部要多学点历史。中国共产党人不但善于从历史中看到前途,更善于从自身历史中看到经验和希望。不断地进行自我的省思,总结自身历史是中国共产党的鲜明特征,毛泽东就指出"我是靠总结经验吃饭的"。在社会主义建设时期的整风运动中,党史作为重要教育资源一直被反复运用。党员干部的党史学习教育走向常规化。1954年12月,中央作出《关于轮训全党高中级干部和调整党校的计划》,将中共党史教育作为领导干部教育的主要课程。在党的八大上,邓小平在《关于修改党的章程的报告》中进一步强调,

---

① 《毛泽东年谱(1893—1949)》(下),中央文献出版社2013年版,第470页。
② 安建设:《〈甲申三百年祭〉"要永远读下去"》,《党的文献》2009年第6期。
③ 《毛泽东文集》(第8卷),人民出版社1999年版,第385页。

第四章 《改造我们的学习》的启示意义

各级党组织的任务，就是要切实加强对新党员的教育，特别是"对于党的历史和党的政策的学习"[1]。与此同时，中共党史也纳入高校政治课程体系，这一时期的历史学习，就是在历史反省和借鉴中，探寻符合中国实际的社会主义建设道路。

在改革开放和社会主义现代化建设新时期，邓小平强调"了解自己的历史很重要"，"我们要用历史教育青年，教育人民"[2]。党的十一届六中全会通过了《关于建国以来党的若干历史问题的决议》，为党史学习奠定了根本遵循，同时在每个建党逢十周年纪念之际，结合新的形势开展党史学习，使党史学习迈入科学化和制度化轨道。不仅如此，邓小平还注重从古今中外历史看待改革开放和社会主义现代化建设的前途，认为"任何国家要发达起来，闭关自守都不可能。我们吃过这个苦头，我们的老祖宗吃过这个苦头。恐怕明朝明成祖时候，郑和下西洋还算是开放的。明成祖死后，明朝逐渐衰落。以后清朝康乾时代，不能说是开放。如果从明朝中叶算起，到鸦片战争，有三百多年的闭关自守，如果从康熙算起，也有近二百年。长期闭关自守，把中国搞得贫穷

---

[1]《中共中央文件选集（1949年10月—1966年5月）》（第24册），人民出版社2013年版，第163页。
[2]《邓小平文选》（第3卷），人民出版社1993年版，第206页。

落后，愚昧无知"①。从历史深处理解改革开放的前途和命运，坚定了走中国特色社会主义的信念和信心。

在中国特色社会主义新时代，"历史地思考"构成了习近平新时代中国特色社会主义思想的理论面向。深刻总结并充分运用党成立以来的历史经验，是习近平新时代中国特色社会主义思想的基础性维度。习近平总书记以其宏阔的历史视野，注重从大历史中考察当代中国的发展变化，同时也高度关注党员干部的历史学习和历史思维的培养，指出，"我们要加强对历史的学习，特别是对中国古代史、中国近现代史、中国共产党党史的学习，历史是一面镜子，从历史中得到启迪、得到定力"②。习近平多次强调历史学习的重要性，通过历史学习，掌握历史主动，增强历史自信。

在习近平看来，历史学习主要包括四个方面的内容：一是在历史学习中感悟思想伟力。历史的铺展，是人们探寻道路的过程。中国共产党的历史就是一部探寻中国革命、建设和改革道路的历史，是一部推进马克思主义中国化的历史，是一部不断推进理论创新、进行理论创造的历史，只有通过历史学习，才能深刻感悟到党

---

① 《邓小平文选》(第3卷)，人民出版社1993年版，第90页。
② 习近平：《论中国共产党历史》，中央文献出版社2021年版，第9页。

的创新理论的真理力量。

二是在历史学习中感悟历史成就,激发前进动力。中国共产党人的历史自信源于对历史成就的自信,中国共产党的历史成就以纵向历史推论,凝练出新民主主义革命、社会主义革命和建设、改革开放和社会主义现代化建设、中国特色社会主义新时代等伟大成就;以横向历史剖析,可概括出百年奋斗的历史意义,即从根本上改变了中国人民的前途命运、开辟了实现中华民族伟大复兴的正确道路、展示了马克思主义的强大生命力、深刻影响了世界历史进程和锻造了走在时代前列的中国共产党。

三是在历史学习中感悟历史经验,把握历史规律。"历史发展有其规律,但人在其中不是完全消极被动的"。[1]历史是各种因素交互作用的结果,但也有其发展的必然性。历史的必然性就其本质意义而言,就是在对某一段历史进行深刻反思的基础上,寻找历史规律,其指向是看清楚过去我们为什么能成功、弄明白未来我们怎样才能继续成功。这是对历史经历的一种理性思考,也是对发展趋势的现实把握,对发展方向的未来期许,

---

[1] 习近平:《在党史学习教育动员大会上的讲话》,人民出版社2021年版,第13页。

更是基于史实的基本价值判断。

四是在历史学习中感悟精神动力。历史承载着无数可歌可泣的事件与人物,这些构成了历史的崇高记忆。学习历史需要抽象凝练出历史内在的意志品质和价值取向,习近平指出,"对我们共产党人来说,中国革命历史是最好的营养剂。多重温我们党领导人民进行革命的伟大历史,心中就会增加很多正能量"[1]。从历史中抽象概括出来的理论、逻辑、规律、道路和精神,并不是孤立存在的,也不是不言自证的,是需要回到历史的本身才能够把握理论的动力、道路的活力和精神的魅力。

(三)弘扬理论联系实际的学风

《改造我们的学习》揭露了党内教条主义、主观主义的学风,回答了怎样学的问题,树立了理论联系实际的学风,胡绳曾指出,"这种理论和实际相统一的马克思列宁主义作风,是毛泽东同志在我们党内一贯倡导的作风。《改造我们的学习》这个报告对于把这种作风普及于全党起了巨大的作用"[2]。在此之后,党的学习更加

---

[1] 习近平:《以史为镜、以史明志、知史爱党、知史爱国》,《求是》2021年第12期。
[2]《胡绳全书》(第2卷),人民出版社1998年版,第415—416页。

第四章 《改造我们的学习》的启示意义

注重实际运用,解决现实问题。

在延安整风学习运动中,毛泽东就指出,"假如一个人读了一万本马恩列斯,每本又都读了一千遍,以至于每句都背得,这还是不能算理论家的"[1]。1940年3月,中共中央政治局召开会议,听取从苏联回来的周恩来、任弼时的汇报。周恩来在汇报时,谈到共产国际执行委员会书记曼努伊尔斯基的话,说张闻天是中国共产党的理论家,毛泽东当时反驳,"什么理论家,背了几麻袋教条回来"[2]。这也促使毛泽东进一步思考什么是真正的理论和理论家,毛泽东认为"我们要的是这样的理论家","他们能够依据马克思列宁主义的立场、观点和方法,正确地解释历史中和革命中所发生的实际问题,能够在中国的经济、政治、军事、文化种种问题上赋予科学的解释,赋予理论的说明"[3],并强调要分清创造性的马克思主义和教条式的马克思主义。真正的理论家是关注现实的,是善于从理论上解释现实问题,同时又能够根据实际的变化推动理论的发展。中国共产党人的学习,更是理论与实际相结合的学风的传承。

学风关乎党风,影响政风。毛泽东就指出,"学风

---

[1] 解放社编:《整风文献》,东北书店1948年版,第9页。
[2]《刘英自述》,人民出版社2005年版,第137页。
[3]《毛泽东选集》(第3卷),人民出版社1991年版,第814页。

问题是领导机关、全体干部、全体党员的思想方法问题，是我们对待马克思列宁主义的态度问题，是全党同志的工作态度问题"，所以"学风问题就是一个非常重要的问题，就是第一个重要的问题"。①《改造我们的学习》所确立的理论联系实际的学风是中国共产党在民主革命时期形成的三大作风之一，这也是中国共产党区别于其他政党的显著标志。

在《改造我们的学习》之后，理论与实际的学风逐渐成为全党共识。张如心在学习中就认为，"学习和掌握马列主义，完全不是说要熟读它的一切公式、结论、词句，并拘守这一公式和结论的每一字句，而是在于领会它的实质、精神、方法，并学会在无产阶级斗争的各种条件之下，在解决革命运动的实质问题时来运用和丰富发展这一理论"②。陈云也指出"真正的理论，只有在实际工作中才能逐渐深刻地领会，因为理论是实际的反映，归根到底是来自实际，而不是来自书本"③，党员干部的学习，不仅仅是在学校里的学习，更先要到工作中去学习。正是在党内形成了理论与实际相结合的学

---

① 《毛泽东选集》(第3卷)，人民出版社1991年版，第813页。
② 张如心：《理论与实践的统一，干部修养问题之一》，《共产党人》1941年第19期。
③ 《陈云文选》(第1卷)，人民出版社1995年版，第252页。

第四章 《改造我们的学习》的启示意义

风,中国共产党才能够把握时代发展和人民需要,不断前进。

在社会主义革命和建设时期,毛泽东也是注重理论与实际的结合。特别是面对社会主义建设过程中所面临的全新课题,面对苏联社会主义建设过程中的一些突出问题,毛泽东指出要"把马列主义的基本原理同中国革命和建设的具体实际相结合",指出"民主革命时期,我们吃了大亏之后才成功地实现了这种结合,取得了新民主主义革命的胜利。现在是社会主义革命和建设时期,我们要进行第二次结合,找出在中国怎样建设社会主义的道路"[1],并为中国社会主义建设道路进行了不懈探索,为中国特色社会主义道路的开辟提供了宝贵经验、理论准备和物质基础。

"文化大革命"结束之后,党内仍存在"两个凡是"的错误方针,对此邓小平指出,"一个党,一个国家,一个民族,如果一切从本本出发,思想僵化,迷信盛行,那它就不能前进,它的生机就停止了,就要亡党亡国"[2],提出要解放思想,将思想从习惯势力和主观偏见的束缚中解放出来,研究新情况,解决新问题。面对世

---

[1]《毛泽东年谱(1949—1976)》(第2卷),中央文献出版社2013年版,第557页。
[2]《邓小平文选》(第2卷),人民出版社1994年版,第143页。

界多极化和经济全球化的深入发展，在世纪之交，江泽民指出要"进一步端正学风，努力把全党的学习提高到一个新的水平"，强调"学习不应该是经院式的，而要有的放矢、学以致用"，[1]提出要坚持以研究中国的实际问题为中心，坚持理论联系实际，坚持在改造客观世界的同时努力改造主观世界，坚持学习一般知识和学习专门知识的统一，坚持在研究中国特点的基础上借鉴外国的有益知识和经验等的学习方法。在新世纪新阶段，胡锦涛也强调要树立"终身学习"的思想，建设学习型政党，"坚持理论联系实际的马克思主义学风"，"既从书本知识中学习，又从人民群众生动实践中学习"。[2]正是坚持和弘扬了理论与实际相结合的马克思主义学风，党不断结合新的实际进行理论创造，创立了中国特色社会主义理论体系，开辟了中国特色社会主义伟大事业。

随着中国特色社会主义进入新时代，习近平结合社会主要矛盾的新变化，特别注重学风的塑造和弘扬，指出，"弘扬理论联系实际的学风，紧密联系党和国家事业发生的历史性变革，紧密联系中国特色社会主义进入新时代的新实际，紧密联系我国社会主要矛盾的重大变

---

[1]《江泽民文选》(第2卷)，人民出版社2006年版，第304页。
[2]《胡锦涛文选》(第2卷)，人民出版社2016年版，第551页。

第四章 《改造我们的学习》的启示意义

化,紧密联系'两个一百年'奋斗目标和各项任务"[1],不能身体进入新时代,而思想停留在过去,全党的学习,着眼于研究和解决现实问题,学习的目的全在于使用。

在新时代,党的学风问题还比较突出,主要表现在:一是教条主义。在革命、建设和改革的各个历史时期,教条主义始终是党面临的重大危险,这种从本本出发,忽视客观实际,以经典作家的论述作为检验现实,衡量是非曲直的作风,给党的事业带来了严重危害。当前,在党内学习中仍然存在教条主义倾向,从本本出发裁剪不断变化的实际,拘泥于刻板模式和论断。对此,习近平指出"学习不是背教条、背语录,而是要用以解决实际问题"[2]。正是在不断聚焦新问题,总结新经验的基础上,以习近平同志为核心的党中央集中全党全国各族人民的智慧创立了习近平新时代中国特色社会主义思想,开辟了马克思主义中国化时代化的新境界。

二是怀疑主义。随着市场经济追求物的逻辑的冲击,国外意识形态的渗透,党内出现怀疑马克思主义,怀疑共产主义的现象,有些党员理想信念丢失,"对共

---

[1]《习近平谈治国理政》(第3卷),外文出版社2020年版,第63页。
[2] 习近平:《论党的宣传思想工作》,中央文献出版社2020年版,第40页。

产主义心存怀疑,不信马列信鬼神,世界观、人生观、价值观全面蜕变"①。这些人对掌握马克思主义科学真理失去兴趣,对研读经典著作缺乏热情。习近平指出,马克思主义并没有过时,经典作家关于资本主义社会基本矛盾的分析,关于资本主义必然灭亡、社会主义必然胜利的观点都没有过时。党的十八大以来,以习近平同志为核心的党中央,高举中国特色社会主义伟大旗帜,坚定"四个自信",使科学社会主义在21世纪的中国焕发出强大生机活力,使社会主义和资本主义两种意识形态、两种社会制度的历史演进及其较量发生了有利于社会主义的重大转变。

三是实用主义。学习中的实用主义,坚持"有用就是真理",在真理与价值关系上,坚持从功利主义出发,否定了真理的客观性。在他们看来,真理的有用性是以个人主观需要来衡量的,而不在于主观与客观相符合。因而在学习中,特别是在理论学习中,其目的不是为了提高理论水平,而是为了个人的职位升迁捞取名不副实的学历和文凭,不注重理解科学理论的科学体系、精神实质、立场观点方法,而是以只言片语服务自身主观需要。对此,习近平强调,"对待马克思主义,不能采取

---

① 《习近平谈治国理政》(第3卷),外文出版社2020年版,第515页。

教条主义的态度,也不能采取实用主义的态度,而是应该以科学的态度对待科学、以真理的精神追求真理"[1]。为防止党内实用主义作风,习近平特别强调要坚持系统观念,整体性把握理论的发展,不能"根据需要找一大堆语录,什么事都说成是马克思、恩格斯当年说过了,生硬'裁剪'活生生的实践发展和创新"[2]。习近平新时代中国特色社会主义思想作为系统完整的科学理论体系,需要全面理解把握,全面贯彻实践,而不能从主观愿望出发,只及一点、不及其余,只管部分、不顾整体,否则就会陷入实用主义的泥沼。

四是形式主义。形式主义是学风建设的痼疾,列于"四风"问题之首。形式主义就其表现而言,就是只注重形式而忽视了内容,热衷于表面上的花架子,对于实质问题,视而不见,或搁置一旁。在当前学习中存在的形式主义就是,自我满足,自我陶醉,在表面上进行,没有实质内容,"拿学习来装门面,浅尝辄止、不求甚解"[3]。形式是内容的载体,离开了内容支撑,再丰

---

[1] 习近平:《更好把握和运用党的百年奋斗历史经验》,《求是》2022年第13期。
[2] 习近平:《在哲学社会科学工作座谈会上的讲话》,人民出版社2016年版,第14页。
[3] 《习近平谈治国理政》(第3卷),外文出版社2020年版,第540页。

富多样的形式也是苍白无力的。习近平深刻剖析了形式主义，指出"形式主义实质是主观主义、功利主义，根源是政绩观错位、责任心缺失，用轰轰烈烈的形式代替了扎扎实实的落实，用光鲜亮丽的外表掩盖了矛盾和问题"[①]。为克服学习中的形式主义，党中央不断优化学习方式方法，健全党员领导干部学习管理机制，丰富学习形式，营造学习氛围，提出"把学习作为一种追求、一种爱好、一种健康的生活方式，做到好学乐学"[②]。在建设马克思主义学习型政党、推动建设学习大国的过程中，形成了强大的正能量和作风引领。

[①]《习近平关于全面从严治党论述摘编》，中央文献出版社2016年版，第153页。
[②]《习近平谈治国理政》(第1卷)，外文出版社2018年版，第406页。

二、必须不断推进党的自我革命

中国共产党的学习,是在既定的组织框架内通过对思想理念、价值规范、运行机制的转换,最终改变行为选择,是进行自我管理、自我教育和自我革新的有效方式。组织化的学习,是党敢于直面问题,勇于纠正错误,善于坚持真理的直接体现,是党进行自我革命的重要形式。《改造我们的学习》就是勇于解决党在学习中存在的思想、组织和作风等问题,在指导思想上的坚持真理、修正错误,从而推动党的进步。习近平指出,"我们党之所以伟大,不在于不犯错误,而在于从不讳疾忌医,敢于直面问题,勇于自我革命"[1]。《改造我们的学习》通过对学习理念的纠正,为意识形态的创新奠定了根本的思想路线,增强了自我革命的思想引领力;通过对学习内容的更新,以理论学习增强组织权威性,以历史学习构筑组织合法性,以政策学习提升组织的有效性,强化了自我革命的组织领导力;通过对学习方式的制度化探索,强化了自我革命的制度执行力。

---

[1]《习近平谈治国理政》(第4卷),外文出版社2022年版,第542页。

（一）增强自我革命的思想引领力

中国共产党的自我革命最为根本的是政党理念的革新和发展，特别是对于传统的创新性继承、历史的反思性传承和现实的批判性延承。在《改造我们的学习》中，毛泽东对党内主观主义的学习态度提出了批评，并提出了"实事求是"的学习态度。"实事求是"的提出，既是对于传统学习观的发展，同时也是对于近代以来在向西方学习过程中所形成的学习风气的批判，更是对于党内存在的一种空洞理论研究的改造，可谓是一种学习理念上的自我革命。

一是对传统学习理念的发展。在长期的历史发展中，中华民族形成了重视学习、善于学习的优良传统，形成了较为完善的学习理念，中国共产党作为中华民族的先锋队，更是在继承学习传统的基础上进行了创新性发展。

首先是对传统学习目的的创新性发展。在传统文化中，学习的目的主要可以分为两个方面：一方面从"内圣"的角度，强调"学以修身"。学习是成就理想人格的方法，是学为圣贤，立道为仁的修行；另一方面从"外王"的角度，强调"学而优则仕"，主张学以致用。与传统学习观强调个体成就所不同的是，中国共产党人的学习观更加关注政治任务引领,如毛泽东就指出,学习的目的是"领导工作、改善工作与建设大党"[①],是为克服"本领恐慌"。

其次是对传统学习内容的创造性转化。在传统学习中经史学习是重要内容。所谓"经",是指以"六经"为代表的思想原典,这奠定了根本的价值观念、思想原则和发展方向;"史"是关于传统中国历史发展的史实研究,这是对思想原典进行一定的分解、补充和发展。中国共产党学习运动中,学习内容在遵循"经史"形式的基础上,对其内容进行了创造性的转化。一方面将马克思主义的经典著作视为思想原典,正如习近平所指出的,"马克思主义就是我们共产党人的'真经'",要"原原本本学习和研读经典著作"[②]。另一方面也强调了要将马克思主义与中国实际相结合,以此为指导研究中国实际,作为"史"的内容的学习,如对党的创新理论的学习。

最后是对传统学习方法的继承性超越。中国古代学者对于学习方法作了许多探索和总结,也有许多精辟的论述,具体而言可分为三个方面:首先是强调学

[①]《毛泽东文集》(第2卷),人民出版社1993年版,第179页。
[②] 习近平:《在全国党校工作会议上的讲话》,人民出版社2016年版,第15页。

思相资,如孔子强调的"学而不思则罔,思而不学则殆"。在学习运动中,毛泽东也强调了学与思的结合,指出"要善于使用思想器官","必须提倡思索,学会分析事物的方法,养成分析的习惯"[①]。其次是强调博约结合,即学习中知识的广博与精深的辩证结合。毛泽东也是强调博学与精学的统一,他一方面强调要广泛地学习,向实践学习,向群众学习,另一方面更要精通马克思主义,认为"没有大量的真正精通马克思列宁主义革命理论的干部,要完成无产阶级革命是不可能的"[②]。最后是知行合一,传统学习观特别是到宋明理学之后,知行之间的关系得到了充分的讨论。如朱熹主张的"知为先""行为后",王阳明强调的"知行合一",王夫之综合二者提出"知行相资以为用","行可兼知,而知不可兼行"的观点。毛泽东受王夫之的"实学"影响较深,强调"干就是学习",认为"使用也是学习,而且是更重要的学习"[③]。此外毛泽东引入"实践"的理念,对知与行的关系进行了系统的论述,把对知与行的认识推向了新的境界。

---

① 《毛泽东选集》(第3卷),人民出版社1991年版,第948—949页。
② 《毛泽东年谱(1893—1949)》(中册),中央文献出版社2013年版,第251页。
③ 《毛泽东选集》(第1卷),人民出版社1991年版,第181页。

二是对近代"留声机"式学习观的批判。1840年的鸦片战争之后,中华民族蒙难,饱受欺凌。为挽救民族危亡,中华民族的先进分子开眼看世界,不断向西方学习,但是在学习过程中只是关注国外,忽视具体的国情,在指导实践中经常碰壁。一方面在实践中对西方制度的照抄照搬。戊戌变法以变法图强为目标,照搬君主立宪政体,结果被封建势力所扼杀;辛亥革命以民主共和为目标,在建立共和政体之后,照搬西方议会制和多党制,结果政治乱象丛生,民不聊生。另一方面在思想上"全盘西化"思潮盛行。在器物、制度学习未果之后,人们开始进入文化上的反思,特别是新文化运动之后,出现了一股"全盘西化"的思潮,认为中国"不但物质机械上不如人,不但政治制度不如人,并且道德不如人,知识不如人,文学不如人,音乐不如人,艺术不如人,身体不如人"[①]。在这种思潮下,向西方的学习不再带有反思,认为自己所学的东西天然是真理,对本国的历史和传统采取"全盘否定"的态度。

三是对党内"空洞的理论"学习的改造。中国共产党的诞生是近代中国人寻求民族复兴道路的结果,是马克思列宁主义与中国工人运动相结合的产物。但在党的

---

① 《胡适全集》(第4卷),安徽教育出版社2003年版,第667页。

创建初期所遭受的种种挫折反映到学习理念上就是"空洞的理论"学习的结果，在实践中的表现首先是将苏联革命经验的绝对化，如将苏联革命经验神圣化、模式化，盲目鼓吹革命高潮论，几乎葬送土地革命成果。《改造我们的学习》就是针对这一学习倾向，提出要结合中国的具体实践，探索出符合中国实际的革命道路。其次是将马克思列宁主义的教条化。用马克思列宁主义的个别论述来裁剪中国整体革命实践，理论与实际相脱离，醉心于"万古不变的教条"。最后是对中国问题研究的弱化，不注重中国实际和历史问题研究的现象，只注重空洞的理论研究，对实际情况缺乏了解，忽视现实调查，轻视党的指示，不仅会造成理论学习的虚化，更会影响党的战斗力和凝聚力。

在对以上三种学习现象提出批评之后，毛泽东提出了"实事求是"的概念，为中国共产党的自我革命奠定了根本的思想路线。"实事求是"的思想路线是中国共产党对理论的有效性调适的重要尝试。在早期革命实践中，中国共产党对经典马列主义的盲目崇拜，直接导致了以马列经典著作为评判标准，构筑起了意识形态评判的规则认同，但这一标准直接结果是导致实践的失败。而"实事求是"的提出，则重新构筑了以实效性为标准的意识形态认同，这也为政党组织的意识形态自我革命奠定了根本的思想前提。

（二）提升自我革命的组织领导力

组织化的学习不仅是政党实现对党员的教育、规训的重要手段，同时也是党员与组织的一种沟通和调适的重要渠道。而学习内容的更新，既是党的自我革命的生动展现，也是对政党组织形态的强化与提升。

一是加强理论学习。通过组织化的理论学习，塑造了共产主义的价值取向，政党成员的理论认同和政党组织的政治动力。首先，理论学习在"价值—信仰"层面，塑造了共产主义的精神理念。共产主义的理想信念是中国共产党人的旗帜和标识，这是最能够唤起中国共产党人的认同感和使命感的核心内容。加强马克思列宁主义的学习，特别是共产主义理论体系的学习，不仅能够"引导中国革命到将来的社会主义阶段上去"，而且"能指导现时的民主革命达到胜利"。[1] 正是通过理论学习，密切结合历史任务，在坚守共产主义理想和无产阶级解放的基础上，赋予了中国共产党以人民和民族先锋队的角色。

其次，理论学习在"认知—阐释"层面，塑造了政

---

[1]《毛泽东选集》（第3卷），人民出版社1991年版，第706页。

党成员的理论认同。党的理论学习有着鲜明的现实关怀，需要"有目的地去研究马克思列宁主义的理论，要使马克思列宁主义的理论和中国革命的实际运动结合起来，是为着解决中国的理论问题和策略问题而去从它找立场，找观点，找方法的"[①]。理论学习，特别是将正统理论学习与实际相结合，确立了意识形态人格化代表，实现党在指导思想上的团结统一。

最后，理论学习在"行动—策略"层面，塑造了政党组织的政治动力。党的理论学习，是通过自上而下的组织化政治培训而进行的。各级党组织以理论学习为互动平台，通过创新各种理论学习的方式方法，以此表达对中共中央重要指示的积极回应，进一步展示党组织的政策创造力和组织认同的信号。各种理论学习的生动实践，进一步激活了基层党组织的力量，在这种仪式化的政治教化中，一方面维系了党员与组织，基层组织与中央之间的思想观念的统一，另一方面在参加学习的组织活动中，党员对组织的认同、对中央权威的维护也更加自觉。

二是加强历史学习。历史学习是把握中国实际的重要工具，其在自我革命中承担着构建组织合法性的作

---

① 《毛泽东选集》(第3卷)，人民出版社1991年版，第801页。

第四章 《改造我们的学习》的启示意义

用。这是学习中国历史,强化政党的使命担当。通过对中国历史的学习,一方面是能够更加清醒地认识到中国社会性质,"今天的中国是历史的中国的一个发展:我们是马克思主义的历史主义者,我们不应当割断历史"。只有对中国历史特别是近代史有深入的了解和把握,才能深刻认清中国革命发生发展的规律,进而更加明确自身所担当的历史任务。另一方面是能够为现实服务,建立在对中华民族光辉历史的深刻体认和对近代历史所遭受苦难的深切感悟的基础上,中国历史的学习使得中国共产党人对自身的历史担当认识更为清醒,责任感更加强烈,正如毛泽东所言:"中国人民正在受难,我们有责任解救他们,我们要努力奋斗。"[1] 将崇高的目标和为人民服务的情怀分解为中国历史的学习活动,进一步强化了党员对于组织的认同和对组织权威的服从。

再者是学习中共党史,激活党员的历史记忆。党史的学习主要聚焦于凝练出全党的共同历史记忆,统一全党思想。同时为了塑造共同的历史记忆,在党史学习过程中,党的历史叙事也实现了创新发展。通过将党的历史进行阶段式、任务式的分解,使党员在不同的教育场景里,感受中国共产党自身发展过程中的胜利与挫折、

---

[1] 《毛泽东选集》(第3卷),人民出版社1991年版,第1005页。

辉煌与苦难,将"党的路线""理论与实际相结合""为人民服务"等政治概念通过学习运动进行传递和扩散,在解决历史遗留问题中培育了政党认同,提高了政党组织的合法性。

三是加强政策学习。政策学习是中国共产党提高政治活动有效性的重要方式,具有鲜明的行动导向,"政策是革命政党一切实际行动的出发点,并且表现于行动的过程和归宿。一个革命政党的任何行动都是实行政策"[1]。政党的政策作为"实际的学问",是政党实现其预定目标的过程性方略,也是政党设定的行为规范,更是政党的政治属性和宗旨目标的生动展现。政策学习作为政策执行中的关键环节,是实现思想统一和行动一致的重要手段,也是提升政策执行绩效的前提条件。

在政策学习中,中国共产党构建的多层级、全员性的政策学习组织体系,有效激活了党组织中不同位阶的政策执行主体的学习动机。这一方面体现在,通过政策的学习,特别是在理论学习和政治学习的引领下,强化了政党使命在政策的执行过程中的遵循,确保党的政治定力和行动调适能力贯彻在具体政策的执行过程之中,有效地将政治势能转化为实践中的效能;另一方面,通

---

[1]《毛泽东选集》(第4卷),人民出版社1991年版,第1286页。

过一系列的政策学习，特别是对政策文本的系统学习，增强了各级干部在政策执行过程中的原则性和针对性，克服在政策执行过程中的认识盲区和本领恐慌，有效提升了政党政策实施的速度、力度和效力。

（三）强化自我革命的制度执行力

在《改造我们的学习》中，毛泽东提出了"将我们全党的学习方法和学习制度改造一下"的要求。中国共产党通过构建学习制度的组织基础，建立学习制度的规范体系和创新制度执行的方式方法，初步构建了学习型政党的原始形态，形成的制度积累和知识结构塑造了自我革命的制度逻辑。

一方面是构建学习制度的组织基础。组织是政党活动的载体和实践主体，组织化的学习活动也是通过组织保障和引领的。通过建立组织管理机构、学术研究团体和各级各类学校等组织实体，引导党员干部将学习作为一种政治责任、精神追求和生活方式，从而为学习制度的构建奠定了组织基础。组织管理机构的设置，对于学习目的、原则、内容和方式都赋予了学习不仅仅是党员个人的活动，也是党员与组织之间重要的沟通渠道的功能。为了加强对学习运动的领导，中国共产党成立了层级式组织管理机构。1938年11月，中共中央专门成立了干部教育部，统一领导干部的学习教育，后并入中央宣传部，并由中央宣传部负责领导全党的学习。1940年1月，中共中央下发《关于干部学习的指示》中，进一步指出"各级党委和政治部的宣传部下应设立干部教育科，负责管理干部教育的工作"[1]，初步形成了从中央到基层的垂直化、等级式的学习管理组织。除此之外，针对各个不同层级干部学习的需求，分别成立了以中央学习组、高级干部为主体的高级学习组和各地方学习小组。通过学习运动，中国共产党改造了组织形式，领导干部和领导机关率先垂范，各级组织的负责干部身体力行，激发了党组织的活力和生命力。正如毛泽东指出，"过去是有学习的，但组织得比较差，没有现在这样好。现在是更进一步了，有了组织，不像过去那样无政府状态了"[2]。政党通过组织全党范围内的学习，传达其理念和政策，作为政党建设的整体性架构的环节，学习型组织的构建，明确了组织目标，也规范了组织活动。

另一方面是创新制度执行的方式方法。在情境式的学习过程中，通过组织化学习，探索出个体与组织的有

---

[1]《中共中央文件选集（1939—1940）》（第12册），中共中央党校出版社1991年版，第228页。
[2]《毛泽东文集》（第2卷），人民出版社1993年版，第179页。

效互动机制，构成了"应激—调适"下的党内沟通方式。1940年3月，中共中央在《关于在职干部教育的指示》中决定五月五日马克思生日为学习节，这为广大党员参与政党活动提供了平台，在每年一度的学习节中，通过总结学习经验，评选学习模范，推广各地学习方法，形成了党员与组织、组织与组织之间的良性沟通。1938年10月，毛泽东在六届六中全会上向全党发出号召，"来一个全党的学习竞赛，看谁真正地学到了一点东西，看谁学的更多一点，更好一点"[1]。此后，各地方党组织结合实际，开展学习竞赛，如关中分委、专署两单位开展为期50天的学习竞赛，通过学习竞赛，"提高了学习热情，起了深入动员的作用""促成正规学习制度的建立""创造了许多新的学习方法"，如围绕自由主义的辩论学习法。[2] 此外，边区工厂开展生产学习竞赛，将生产与学习相结合，通过学习政治、文化和技术各种课程，进一步提高生产水平，同时"对于学习的组织与纪律更加严密了，要求的标准也提高了"[3]。学习竞赛的有序开展，提高了政党活动的广泛性，疏导了政党组织

---

[1]《毛泽东选集》(第2卷)，人民出版社1991年版，第533页。
[2]《关中学习竞赛，分委取得优胜》，《解放日报》1942年11月29日。
[3] 悉根：《"五一"生产学习竞赛总结纪要》，《中国工人》1940年11月第10期。

沟通间的障碍,从而增强了政党的政治动员能力,这为党的自我革命提供了坚实的组织基础。

组织化的学习以党内一体化动员的形式,形成对政党的理论、方针和政策的完整理解和实践,进而实现政党的政治目的。作为一种自我调适行为,是政党面对社会发展变革与"本领恐慌"的自身能力不足的一种行为选择。学习帮助政党有效回应社会诉求,通过将政党理念与政党动员的形式结合起来,将政党伦理嵌入政党实践之中。通过学习组织的建立,适时调整了组织关系,打破了政党政策执行中的组织僵局,进一步维系了政党的权威结构。通过学习运动完成了对政党成员的规训,特别是开展整风学习,促成了全党思想上的大统一、组织上的大动员和政治上的大团结,推动了事业的大发展。

在重要历史关节点,中国共产党通过全党学习,用最新理论成果武装头脑、指导实践,把握历史主动,是中国共产党不断从胜利走向胜利的重要法宝。在领导全面建成社会主义现代化强国的新征程上,中国共产党更是要从初心使命的战略高度审视学习的重要价值,将其作为自我革命的关键环节。

自我革命是中国共产党的独有优势,中国共产党的政党品质是其能够进行自我革命的内在机理。中国共产党的先进性特质，坚守人的自由全面发展的使命追求，坚持一切为了人民，一切依靠人民的价值取向，是党的自我革命的根本动力，"我们党没有任何自己特殊的利益，这是我们党敢于自我革命的勇气之源、底气所在"[1]。在革命、建设和改革中的自我革命实践，为党的自我革命积累了丰富历史经验。中华优秀传统文化中的自省意识、革故鼎新的变革精神和自强不息的进取精神为党的自我革命提供了丰厚的文化滋养。中国共产党在长期探索中形成的党内生活规范化的制度设计，营造的风清气正的党内政治生态，追求的共产主义的政党伦理，构成了党的自我革命的政治理性。勇于自我革命，是中国共产党最鲜明的政治品格和最显著的政治标志。通过有组织的学习，党一次次拿起"手术刀"来解决自身存在的各种问题，不断进行自我革命，为避免老态龙钟、永葆青春活力提供了强大支撑。

---

[1]《习近平谈治国理政》(第4卷)，外文出版社2022年版，第542页。

三、马克思主义必须中国化时代化

理论只有与实际相结合,才能够产生强大的现实解释力和生命力。中国共产党之所以能够带领中国人民取得一个个伟大历史成就,就在于将马克思主义与中国具体实际相结合,不断进行理论创造;就在于使马克思主义为中国人民所掌握,迸发出改造世界的强大力量;就在于坚持用马克思主义回答时代命题,展现出理论的生机活力。习近平指出:"中国共产党为什么能,中国特色社会主义为什么好,归根到底是马克思主义行,是中国化时代化的马克思主义行。"[1]《改造我们的学习》将马克思主义与中国具体实际相结合作为中国共产党的历史使命,强调"中国共产党的二十年,就是马克思列宁主义的普遍真理和中国革命的具体实践相结合的二十年",同时也论述了马克思主义中国化的基本方式方法。

---

[1] 习近平:《高举中国特色社会主义伟大旗帜 为全面建设社会主义现代化国家而团结奋斗——在中国共产党第二十次全国代表大会上的报告》,人民出版社2022年版,第16页。

（一）准确理解和把握理论、历史与现实，是马克思主义中国化时代化的前提依据

《改造我们的学习》中所提到的研究现状、研究历史和学习马列主义理论，构成了马克思主义中国化时代化的基本前提。对马克思主义基本理论的学习，其目的是要真正弄通弄懂马克思主义，树立马克思主义的世界观和方法论；对历史的研究，特别是中国历史的学习，就是要坚持以唯物史观看待历史发展，批判继承中华民族文化传统，清理传统文化的封建性糟粕，吸收其精华，推动马克思主义与中华优秀传统文化相结合；对现状的研究，就是要认识和把握国内外形势，认真研究世情国情党情，不断推动马克思主义与中国实际相结合。而将这三种研究学习密切结合起来，就构成了马克思主义中国化时代化的前提依据。

马克思主义中国化时代化的前提是作为主体的人必须能够掌握马克思主义的基本原理，深刻理解其中的精髓，准确把握其内在的基本义理与方法。离开这些，马克思主义中国化时代化就失去根本。也正是基于此，党的历代领导人在推动马克思主义中国化时代化的进程中，都首先强调要学习马克思主义，掌握马克思主义。

马克思主义是中国共产党不断取得胜利的理论武

器，毛泽东在《论人民民主专政》中指出，"我们党走过二十八年了，大家知道，不是和平地走过的，而是在困难的环境中走过的，我们要和国内外党内外的敌人作战。谢谢马克思、恩格斯、列宁和斯大林，他们给了我们以武器。这武器不是机关枪，而是马克思列宁主义"[1]。而要正确运用马克思主义，首先就是要精通马克思主义的基本原理。这不仅需要精读原著，准确理解和把握基本内容，更要从整体上掌握贯穿其中的立场、观点和方法。也只有这样，才能够以马克思主义指导实践，进而在实践基础上总结新经验，推动理论创新。

党在延安时期的马克思主义理论学习，持久而热烈。许多人就是在这一时期掌握了马克思主义的基本理论，也学会了以马克思主义的立场、观点和方法来解决现实问题。当时参加学习的人，回忆这段历史时也高度肯定了这一时期理论学习的深远意义，"红大学习是我第一次比较系统地学习马列主义基本理论，联系亲身实践，学历史，学理论，总结战争经验和教训，眼界打开了，获益匪浅，对中国革命的性质、任务、对象、动力、领导和前途等根本问题，大体上搞清了，在政治理

---

[1]《毛泽东选集》(第4卷)，人民出版社1991年版，第1469页。

论上确是个飞跃"[1]。这样长时间大规模的马克思理论学习运动,就是要解决党员干部特别是党的高级干部真正清楚,什么才是马克思主义,通过什么样的标准来判断,如何对待马克思主义,怎样运用马克思主义。正如毛泽东所言,就是要搞清楚"我们所要的是香的马克思主义,不是臭的马克思主义;是活的马克思主义,不是死的马克思主义"[2]。

从结果上看,广大党员干部通过系统的理论学习,收到了显著的成效,进一步明晰了在中国这样一个极为特殊的社会历史环境下进行革命,需要采取什么样的态度和方法对待马克思主义的问题。李维汉就曾回忆,"一九三一年六届四中全会王明等人上台以后,我和其他一些同志先后被撤了职。我心想,为什么我们多年工作,有些经验,反而犯错误,而王明等人没有什么经验,反而被认为正确?我的答案只有一个,就是因为他们有'理论'",通过整风学习,"我才懂得是要把握住马克思列宁主义同中国革命实践相结合相统一这个根本原则,并以此从新解剖自己,严格要求自己,改变理论同实践脱节的学习态度和工作态度,建立实事求是的学

---

[1] 莫文骅:《莫文骅回忆录》,解放军出版社1996年版,第328—329页。
[2]《毛泽东文集》(第3卷),人民出版社1996年版,第332页。

习态度和工作态度。这是我思想上的一次飞跃和世界观的一次转变"。[1]陆定一也认为，延安时期的理论学习，使很多党员干部真正了解了什么是主观主义，为什么主观主义的方法是党性不纯的一种表现，也"使我们的领导机关和许多干部进一步掌握了马克思列宁主义的普遍真理同中国革命的具体实践相结合这样一个基本的方向。这一个思想方法上的收获给后来的革命运动带来了说不尽的好处"[2]。通过对马克思主义理论的学习，掌握了马克思主义的理论精髓、方法要义，为推动马克思主义中国化时代化奠定了根本理论前提。

党的十八大以来，习近平在各个场合都强调学习马克思主义基本理论的重要意义，指出马克思主义基本原理是普遍真理，具有永恒的思想价值，要求党员领导干部，特别是党的高级干部要把系统掌握马克思主义基本理论作为看家本领。马克思主义基本理论是理论创新的基点，中国特色社会主义源于马克思主义基本理论，"不了解、不熟悉马克思主义基本原理，就不可能真正了解和掌握中国特色社会主义理论体系"[3]。对此，

---

[1]《李维汉选集》，人民出版社 1987 年版，第 614—615 页。
[2]《陆定一文集》，人民出版社 1992 年版，第 539—540 页。
[3] 习近平：《在全国党校工作会议上的讲话》，人民出版社 2016 年版，第 15 页。

习近平特别强调要推动全党学习马克思主义哲学，认为"马克思主义立场、观点、方法的集中体现，是马克思主义学说的思想基础"[1]。对于马克思主义理论的学习，不能停留在原著中所阐明的理论主张，更要深入把握其内在的分析方法、基本立场和价值追求，理解其精神实质，才能在实际工作中坚持运用马克思主义的世界观和方法论来认识世界、改造世界。

马克思主义毕竟作为一种异域的思想文化，要想在中国扎根成长，为中国人民所理解和接受，还需要与中国传统文化相融合。马克思主义中国化的另一侧面就是使马克思主义在与中华优秀传统文化相结合的过程中，使中国化马克思主义真正具有中华民族的风格和气派。所以，马克思主义中国化并不是一蹴而就，是一个长期的文化交融的过程，正如毛泽东指出，"马克思主义中国化问题，不能说马克思主义早已中国化了。马克思主义是普遍的东西，中国有特殊情况，不能一下子就完全中国化"[2]。马克思主义中国化的过程，就是马克思主义与中国传统文化的交流、碰撞和融合的过程，是马克思主义不断激活中华文明的过程。

---

[1] 习近平：《论党的宣传思想工作》，中央文献出版社2020年版，第30页。
[2]《毛泽东年谱（1893—1949）》(中卷)，中央文献出版社2013年版，第151页。

《改造我们的学习》研读

《改造我们的学习》中所强调的对中国历史的学习，一个重要出发点就是要认识和把握中华民族的优秀传统文化。在延安时期，中国共产党人就高度重视继承和发展中华优秀传统文化，"中国共产党人是我们民族一切文化、思想、道德的最优秀传统的继承者，把这一切优秀传统看成和自己血肉相连的东西，而且将继续加以发扬光大"[1]。毛泽东也明确指出，"从孔夫子到孙中山，我们应当给以总结，承继这一份珍贵的遗产"。1943年，毛泽东指出"我党今年的整风运动，反对主观主义、宗派主义和党八股这些不好的东西，就正是为了使中国共产党更加民族化"[2]，这种民族化就是"使得马克思列宁主义这一革命科学更进一步地和中国革命实践、中国历史、中国文化深相结合起来"[3]。1944年，毛泽东在接受英国记者斯坦因的采访时指出，"我们信奉马克思主义是正确的思想方法，这并不意味着我们忽视中国文化遗产和非马克思主义的外国思想的价值。中国历史遗留给我们的东西中有很多好东西，这是千真万确的。我们必

---

[1]《中共中央文件选集（1943—1944）》(第14册)，中共中央党校出版社1992年版，第41页。
[2]《毛泽东文集》(第3卷)，人民出版社1996年版，第22页。
[3]《中共中央文件选集（1943—1944）》(第14册)，中共中央党校出版社1992年版，第41页。

须把这些遗产变成自己的东西"[①]。

这一时期,中国共产党人不断推动马克思主义与中华优秀传统文化相结合。如从形式上,毛泽东强调"学习古人语言中有生命的东西",这深刻体现在"实事求是"的话语创新。在内容上,毛泽东高度重视中华优秀传统文化中所蕴含的诸如"天下兴亡,匹夫有责"的民族精神、不畏艰难的愚公移山精神等。也正是有这样的理论自觉和文化自觉,使马克思主义有了浓郁的中国风格,逐渐为中国人民所接受,成为中国人民日用而不觉的行为准则。

习近平总书记更是明确提出要坚持把马克思主义基本原理同中国具体实际相结合、同中华优秀传统文化相结合。从"三个深相结合"到"两个结合",体现了中国共产党人对马克思主义中国化规律认识的不断深化。马克思主义是"真经",中华优秀传统文化是"根"和"魂",只有不断推进马克思主义与中华优秀传统文化相结合,才能够使马克思主义真正成为"中国的马克思主义"。习近平进一步指出"只有植根本国、本民族历史文化沃土,马克思主义真理之树才能根深叶茂",要求"把马克思主义思想精髓同中华优秀传统文化精华贯

[①]《毛泽东文集》(第3卷),人民出版社1996年版,第191页。

《改造我们的学习》研读

通起来、同人民群众日用而不觉的共同价值观念融通起来，不断赋予科学理论鲜明的中国特色，不断夯实马克思主义中国化时代化的历史基础和群众基础，让马克思主义在中国牢牢扎根"[①]。习近平新时代中国特色社会主义思想就是"两个结合"的理论成果和光辉典范，是中华文化和中国精神的时代精华，这一思想坚持以马克思主义的现代视野接续五千余年的中华文脉，激活了古老的中华文明，在推动中华优秀传统文化的创造性转化和创新性发展的过程中，不断开拓出中华文明的世界眼光，弘扬中华文明蕴含的全人类共同价值，为人类发展进步提供了中国道路和中国方案。

马克思主义中国化时代化的要点在于"中国化时代化"，归结到一点就是要依据中国国情和时代特点，着力解决中国问题和时代问题。所以"化"的内涵，就在于用马克思主义来解决中国现实问题和时代问题，就是要不断回答中国之问，时代之问。这里面就涉及把握中国实际和时代发展要求。这是推进马克思主义中国化时代化的现实基础。

实现马克思主义中国化，离不开对中国国情、中

[①] 习近平：《高举中国特色社会主义伟大旗帜　为全面建设社会主义现代化国家而团结奋斗——在中国共产党第二十次全国代表大会上的报告》，人民出版社2022年版，第18页。

国实际的深入了解与把握。在《改造我们的学习》中，毛泽东特别强调注重对实际问题的研究，主张对周围环境进行系统的调查研究。将调查研究作为理论联系实际的中间环节，并创立了三大学习制度：一是坚持以中国的实际问题为中心，并结合国外经验，研究马克思主义。二是坚持走入社会实际，进行社会调查。毛泽东指出，"实际工作者须随时去了解变化着的情况，这是任何国家的共产党也不能依靠别人预备的。所以，一切实际工作者必须向下作调查。对于只懂得理论不懂得实际情况的人，这种调查工作尤有必要，否则他们就不能将理论和实际相联系"①。随后全党开始大兴调查研究之风，为进一步推动马克思主义中国化作出了重要贡献。"全党大兴调查研究之风，各级领导深入实际，深入群众，研究问题，解决问题。经过整风教育的广大知识分子青年干部，以崭新的风貌深入实际，深入农村，和贫雇农同甘共苦，向工农干部学习，向劳动英雄学习，想群众之所想，急群众之所急"②。三是向群众学习，注重"从群众中来，到群众中去"。延安时期党在推进马克思主义中国化的过程中，不仅体现在以毛泽东为主要代表

---

① 《毛泽东选集》(第3卷)，人民出版社1991年版，第791页。
② 温济泽等编：《延安中央研究院回忆录》，湖南人民出版社1984年版，第121页。

的中国共产党人创造了具有中国特色的、马克思主义的概念、术语和逻辑体系,更为重要的是进一步推进马克思主义的大众化,使普通民众认为高深莫测的马克思主义,变成一种日用而不觉的价值观念,一种普遍认可和接受的世界观与方法论,实现了马克思主义中国化。也正是这三大学习制度,构成了马克思主义中国化的具体实践机制。

　　了解实际,才能从实际出发,才能将理论与实际相结合。习近平也强调要加强调查研究,准确把握客观实际,"调查研究是谋事之基、成事之道。没有调查,就没有发言权,更没有决策权"[1],习近平主张,当县委书记一定要跑遍所有的村,当市委书记一定要跑遍所有的乡镇,当省委书记一定要跑遍所有的县市区。通过调查研究,准确理解中国实际之"的",进而有的放矢。在习近平看来,调查研究是做好工作的前提基础。调查研究能力是领导干部整体素质和能力的一个组成部分。调查研究需要研究真问题,不能搞作秀式调研、盆景式调研、蜻蜓点水式调研,需要深入思考分析,对调查所获得的材料去粗取精、去伪存真,由此及彼、由表及里,

---

[1]《习近平关于"不忘初心、牢记使命"论述摘编》,中央文献出版社2019年版,第211页。

进而把握事物的本质和规律，找到解决问题的办法。

延安时期，中国共产党以理论学习为突破口，坚持一切从实际出发，以理论与实际相结合为原则方法，以系统周密的调查研究为桥梁纽带，以中华优秀传统文化为思想资源，探索了推进马克思主义中国化时代化的基本路径。这也为中国共产党在推进实践基础上的理论创新提供了重要借鉴。

（二）坚持把握人民需要，是马克思主义中国化时代化的根本立场

理论只要为群众所掌握，就能迸发出改造世界的强大力量。而只有扎根人民现实生活之中，理论之花才能结出现实之果。马克思主义坚持人民群众是历史的创造者的根本观点，坚持以实现人类的解放，人的自由全面发展为理论旨趣，不断地进行理论探索。马克思主义政党在取得政权之后，更是坚持靠人民执政，为人民执政，列宁指出"社会主义不是少数人，不是一个党所能实施的。只有千百万人学会亲自做这件事的时候，他们才能实施社会主义"[1]。习近平指出，"马克思主义是人民

---

[1]《列宁选集》(第3卷)，人民出版社2012年版，第464页。

的理论","马克思主义之所以具有跨越国度、跨越时代的影响力,就是因为它植根人民之中,指明了依靠人民推动历史前进的人间正道"。[1]坚持人民立场,是马克思主义的根本立场,也是推动马克思主义中国化时代化的根本出发点。

在延安时期,毛泽东特别强调注意从人民群众火热的生活实践中汲取理论创新的养分,善于从群众中学习语言,进行马克思主义中国化时代化的话语创新,并指出"要向人民群众学习语言。人民的语汇是很丰富的,生动活泼,表现实际生活的"[2]。特别是在党内理论准备不足,大部分党员受教育程度普遍很低的条件下,要让他们理解和接受马克思主义,非常有必要以通俗易懂的语言形式来阐发马克思主义。毛泽东非常善于运用人民群众喜闻乐见、清晰明快的表达形式阐述马克思主义理论,认为"大众化"就是要"和工农兵大众的思想感情打成一片。而要打成一片,就应当认真学习群众的语言"[3]。毛泽东就经常使用传统文化中的故事和典故,1945年毛泽东在党的七大闭幕式上发表题为《愚公

---

[1] 习近平:《在纪念马克思诞辰200周年大会上的讲话》,人民出版社2018年版,第8页。
[2]《毛泽东选集》(第3卷),人民出版社1991年版,第827页。
[3]《毛泽东选集》(第3卷),人民出版社1991年版,第851页。

移山》的演讲,将共产党员比喻为愚公,将革命目标帝国主义、封建主义比喻为山,将人民群众比喻为上帝,共产党员通过持续不断的奋斗,感动人民群众这个"上帝",一起和共产党推翻两座大山,完成革命任务。这一则寓言故事的创造性转化,非常形象、深刻地揭示了群众史观,共产党的先锋性质和新民主主义的革命目标,让人易于接受和理解。不仅如此,毛泽东还经常使用大量比喻来阐述理论,如在《改造我们的学习》中对主观主义者的形象的描述,用"墙上芦苇,头重脚轻根底浅;山间竹笋,嘴尖皮厚腹中空"这副对联进行比喻,刻画了口若悬河、空洞无物、清谈空议、纸上谈兵的形象。注重运用典故、熟语和比喻等人民群众所喜闻乐见的语言形式,提高了理论表达的生动性和形象性,也推动了马克思主义中国化和大众化。

在推进马克思主义中国化时代化的过程中,习近平始终坚持人民至上,认为理论创新的起点只能是源自人民群众的伟大实践和丰富多彩的生活,生活就是人民,人民就是生活,指出"生活之树常青。一种理论的产生,源泉只能是丰富生动的现实生活,动力只能是解决社会矛盾和问题的现实要求"[1],强调不能以自己的个

---

[1]《习近平谈治国理政》(第3卷),外文出版社2020年版,第63页。

人感受代替人民的感受,要虚心向人民学习,向生活学习。

坚持人民至上,是推进马克思主义中国化时代化的根本出发点,中国共产党的理论是来自人民的理论,是对人民群众在鲜活的实践创造的科学总结和理论升华,理论创新的起点就是要相信群众、依靠群众,因此,深入人民群众,了解人民群众的劳动生活,感知人民群众的喜怒哀乐,才能够洞悉人民群众的生活本质。随着中国特色社会主义进入新时代,人民群众对美好生活的向往,集中反映了人民的根本利益。

坚持人民至上,也需要用理论武装群众,使党的创新理论成为指导人民认识世界和改造世界的强大思想武器。延安时期,中国共产党在推进马克思主义中国化的进程中,也十分关注将党的理论成果武装人民,教育人民,推动人民群众的觉悟。曾在延安参观的斯特朗就描述当时的场景,在延安最经常听到的口号是"'到人民中去','向人民学习'。这些口号的含义似乎比口号本身深刻得多。它们好像表达了一种永恒的爱和一种最终的信念"[1]。党的十八大以来,习近平也指出必须持续推

---

[1] [美]安娜·路易斯·斯特朗:《中国人征服中国》,刘维宁等译,北京出版社1984年版,第25—26页。

进马克思主义中国化时代化大众化，以党的创新理论凝心聚魂，建设具有强大凝聚力和引领力的社会主义意识形态，推动创新理论深入人心。

（三）善于把握时代脉搏，是马克思主义中国化时代化的基本要求

马克思主义之所以能够保持旺盛生命力，就在于一代又一代马克思主义者始终关注时代问题，把握时代脉搏，"与时代同步伐，与人民共命运，关注和回答时代和实践提出的重大课题，是马克思主义永葆生机活力的奥妙所在"[1]。推动马克思主义中国化时代化，没有浓厚的时代意识，是很难进行的。

在《改造我们的学习》中，毛泽东始终秉持外向的视野，不仅要求研究中国的历史和现状，更要关注国外的历史和现状，并不断根据时代环境的变化，调整策略，进行理论创新。善于把握时代问题，回答时代问题是马克思主义的鲜明特征。毛泽东在《矛盾论》中就指出，"列宁主义之所以成为帝国主义和无产阶级革命时代的

---

[1] 习近平：《论党的宣传思想工作》，中央文献出版社2020年版，第315页。

《改造我们的学习》研读

马克思主义，就是因为列宁和斯大林正确地说明了这些矛盾，并正确地作出了解决这些矛盾的无产阶级革命的理论和策略"[1]。对时代问题的判断，也直接影响到对社会发展的历史方位和阶段的判断。对时代问题和主要矛盾把握得越清晰、越透彻，也体现对本国国情的认识越精准、越深刻。如毛泽东对新民主主义革命的认识，就展现出战略家的世界眼光和时代格局。毛泽东指出中国革命是"处在社会主义向上高涨、资本主义向下低落的国际环境中，处在第二次世界大战和革命的时代，那末，中国革命的终极的前途，不是资本主义的，而是社会主义和共产主义的，也就没有疑义了"[2]，并进一步强调新民主主义革命的前途只能是社会主义。毛泽东也强调要树立战略思维，了解时代，掌握大局，认为"只有了解大局的人才能合理而恰当地处置小的问题。即使是当排长的也应该有个全局的图画，这样才有大的发展"[3]。

在《改造我们的学习》中，对"实事求是"内涵的重新阐述，就赋予了"实事"是时代内涵，作为客观存

---

[1]《毛泽东选集》(第1卷)，人民出版社1991年版，第314页。
[2]《毛泽东选集》(第2卷)，人民出版社1991年版，第650页。
[3]《毛泽东年谱（1893—1949）》(中卷)，中央文献出版社2013年版，第62页。

第四章 《改造我们的学习》的启示意义

在的一切事物,不是一成不变的,而是具有时代性的,需要不断结合新的时代条件,创新发展。新中国成立后,毛泽东认为要结合社会主义时代的实际,不断推动理论的时代化,形成新的理论,指出"我们在第二次国内战争末期和抗战初期写了《实践论》、《矛盾论》,这些都是适应于当时的需要而不能不写的。现在,我们已经进入社会主义时代,出现了一系列的新问题,如果单有《实践论》、《矛盾论》,不适应新的需要,写出新的著作,形成新的理论,也是不行的"[1]。毛泽东没有停步于革命时代的理论成果,没有将这些成果作为永恒不变的教条,而是进一步提出了面向新的时代课题,推进马克思主义中国化的要求。

理论的发展是与现实实际所构筑的客观历史语境密切相关的。马克思也强调,"问题就是时代的口号,是它表现自己精神状态的最实际的呼声"。马克思主义诞生于19世纪的欧洲,深刻回答了资本主义在自由竞争时代无产阶级革命道路的问题。20世纪,随着资本主义进入帝国主义阶段,列宁以其马克思主义理论家的视野回答了无产阶级在帝国主义时代的革命策略的问题,开辟了20世纪马克思主义发展的新境界。

---

[1]《毛泽东文集》(第8卷),人民出版社1999年版,第109页。

进入21世纪，资本主义社会也发生了一些新的变化和特点，对此，习近平指出"20世纪以来，社会矛盾不断激化，为缓和社会矛盾、修补制度弊端，西方各种各样的学说都在开药方，包括凯恩斯主义、新自由主义、新保守主义、民主社会主义、实用主义、存在主义、结构主义、后现代主义等，这些既是西方社会发展到一定阶段的产物，也深刻影响着西方社会"[①]。虽然资本主义社会具有一定自我调节能力，但是其基本矛盾依然存在，特别是2008年金融危机的爆发，危机逐步从经济领域扩展到政治、社会、生态等领域，尤其是新冠疫情的冲击，世界发展也逐步进入一个新的动荡变革期。对此，习近平进一步作出判断，指出"世界正在经历百年未有之大变局，既是大发展的时代，也是大变革的时代"[②]。"世界怎么了、我们怎么办？""建设什么样的世界、如何建设世界？"这是摆在中国共产党人面前新的时代课题。

中国特色社会主义进入新时代，以习近平同志为核心的党中央坚持以马克思主义的立场观点和方法去观察时代、分析时代、引领时代，指出"要充分估计国际格

---

① 习近平：《在哲学社会科学工作座谈会上的讲话》，人民出版社2016年版，第4页。
②《习近平谈治国理政》(第4卷)，外文出版社2022年版，第463页。

局发展演变的复杂性,更要看到世界多极化向前推进的态势不会改变。要充分估计世界经济调整的曲折性,更要看到经济全球化进程不会改变。要充分估计国际矛盾和斗争的尖锐性,更要看到和平与发展的时代主题不会改变。要充分估计国际秩序之争的长期性,更要看到国际体系变革方向不会改变。要充分估计我国周边环境中的不确定性,更要看到亚太地区总体繁荣稳定的态势不会改变"[1]。在这些"不变"中,习近平进一步指出"和平、发展、合作、共赢成为时代潮流",并提出了构建人类命运共同体的时代愿景,倡导和平、发展、公平、正义、民主、自由的全人类共同价值,为不确定性的世界注入了稳定的力量,回答了人类向何处去的问题,发展了21世纪的马克思主义。

中国共产党人始终以独立自主的内在自觉和胸怀天下的外向视角审视时代发展。在不同历史时期,中国共产党人始终从时代主题和世界发展总趋势入手,把握国内历史发展和历史阶段,从而形成对于时代发展的总体性设计。从"革命与战争"到"和平与发展",再到"和平、发展、合作、共赢",正是基于对时代主题的认识,结合国内社会主义矛盾变化,确定党的中心任务,

---

[1] 《习近平谈治国理政》(第2卷),外文出版社2017年版,第442页。

并由此制定政策和策略,进一步推动时代问题的解决。也正是在引领时代发展的过程中,中国共产党人通过不断总结实践的新鲜经验,形成了科学理论成果,推动党的指导思想的与时俱进,形成了始终走在时代前列的鲜明品格,开辟了马克思主义中国化时代化新境界。